财政部规划教材
全国财政职业教育教学指导委员会推荐教材
全国中等职业学校财经类教材

社会调查与统计知识
(第四版)习题集

主编　钟秉盛

中国财经出版传媒集团
中国财政经济出版社

图书在版编目（CIP）数据

社会调查与统计知识（第四版）习题集／钟秉盛主编．—4 版．—北京：中国财政经济出版社，2018.7

财政部规划教材　全国财政职业教育教学指导委员会推荐教材　全国中等职业学校财经类教材

ISBN 978－7－5095－8318－0

Ⅰ.①社…　Ⅱ.①钟…　Ⅲ.①社会调查—中等专业学校—习题集 ②社会统计—中等专业学校—习题集　Ⅳ.①C915－44 ②C91－03

中国版本图书馆 CIP 数据核字（2018）第 134697 号

责任编辑：王佳欣　　　　责任校对：马立祥

封面设计：构远设计

中国财政经济出版社 出版

URL：http：//www.cfeph.cn

E－mail：cfeph @ cfeph.cn

社址：北京市海淀区阜成路甲 28 号　邮政编码：100142

营销中心电话：010－88191537　北京财经书店电话：64033436　84041336

北京中兴印刷有限公司印刷　各地新华书店经销

787×1092 毫米　16 开　5.25 印张　131 000 字

2018 年 7 月第 4 版　2018 年 7 月北京第 1 次印刷

定价：14.00 元

ISBN 978－7－5095－8318－0

（图书出现印装问题，本社负责调换）

本社质量投诉电话：010－88190744

打击盗版举报热线：010－88191661　QQ：2242791300

编写说明

本书是财政部规划教材、全国财政职业教育教学指导委员会推荐教材，由财政部教材编审委员会组织编写并审定，作为全国中等职业学校财经类教材使用。

本习题集根据财政部规划教材《社会调查与统计知识》（第四版）一书编写，在第三版的基础上在习题的难易程度、适用性、实用性等方面作了进一步完善。本习题集内容按教材章节顺序，本着循序渐进、由简单到复杂的逻辑思维方式，结合岗位技能要求，设计了判断题、填空题、单项选择题、多项选择题、思考题和应用能力训练题等题型，力求通过对学生进行多角度、多层次、多方式的综合训练，达到更好地掌握教材知识内容，提高对知识的理解和技能应用能力。同时，为了方便统一要求和方便使用，每题下面留有空行供解答之用，可以将习题集与作业本合为一起使用。

用书学校任课老师若需要本习题集的答案，请以电子邮件的形式向中国财政经济出版社索取（请注明：学校、全书名、版次），E－mail：caijingjiaocai@163. com。

本书由广东省财政职业技术学校财经高级讲师钟秉盛主编，由徐迎建、钟秉盛及广东省财政职业技术学校黄修芝，福建龙岩财经学校黄雪英共同编写。习题集的题型设计及统编定稿由钟秉盛完成。

由于编者水平有限，书中错误与疏漏之处敬请读者批评指正。

编　者

2018 年 6 月

目　录

第 1 章

调查准备

判断题

1. 调查单位同时一定是填报单位。 (　　)
2. 人口的平均寿命是数量标志。 (　　)
3. 单一调查表就是在一张表上只登记一项调查内容的表格。 (　　)
4. 数量标志可以用数值表示，质量指标不能用数值表示。 (　　)
5. 确定了调查对象，调查总体的范围和界限才能得以明确。 (　　)
6. 车间里有 5 个工人，年龄分别是 23 岁、25 岁、29 岁、32 岁、50 岁，这些年龄是 5 个数量标志或 5 个变量。 (　　)
7. 调查时间就是调查工作所需要的时间。 (　　)
8. 人口普查中，全国总人口数是总体。 (　　)
9. 不同的调查方式会产生不同的调查单位。 (　　)
10. 某城市每个家庭拥有的汽车数是一个离散型变量。 (　　)

填空题

1. 一项具体的社会调查往往开始于对____________的选择。因而，____________始终是社会调查的第一步。

2. 要选择调查课题，可以从______________、________________和______________中寻找。

3. 在实践中，人们通常采用___________、___________、___________、___________

等四条标准作为选择调查课题的依据。

4. 按照调查的深度来区分，调查课题可以分为__________、__________和__________。

5. 构成一个统计总体，一般来说必须具备__________、__________、__________三个基本特征。

6. 标志按其表现特征性质的不同，可以分为__________和__________。

7. 工厂的设备数、医院的医护人员数属于__________变量；而人的身高、体重则属于__________变量。

8. 指标可以分为__________和__________，它是通过对总体各单位的数量标志值进行综合汇总而形成的。

9. 调查表一般由__________、__________和__________组成。

10. 调查时间是指__________所属的时间，即客观时间；调查期限是指进行调查工作的时间，包括__________和__________的整个工作所需要的时间，即主观时间。

单项选择题

1. 对某超市全体员工进行身体健康状况调查，调查单位是(　　)。

A. 每位员工　B. 所有员工　C. 每一件商品　D. 所有商品

2. 普查人口 2010 年 11 月 1 日零时的状况，要求调查单位的资料在 2010 年 11 月 10 日前登记完成，则普查的标准时间是(　　)。

A. 2010 年 10 月 31 日 24 时　B. 2010 年 11 月 10 日零时

C. 2010 年 11 月 9 日 24 时　D. 2010 年 11 月 1 日 24 时

3. 某市上年工业企业经济活动成果的统计年报的呈报时间为本年 1 月 31 日，则调查期限为(　　)。

A. 一年　B. 一年零一个月　C. 一个月　D. 一天

4. 要了解 40 名学生的成绩，则总体单位是(　　)。

A. 40 名学生　B. 每一位学生

C. 40 名学生的学习成绩　D. 每名学生的学习成绩

5. 在统计调查中，调查项目的承担者是(　　)。

A. 调查对象　B. 调查单位　C. 填报单位　D. 调查表

6. 某中职学校 2012 级全部学生的平均年龄为 16.73 岁，这是(　　)。

A. 数量标志　B. 数量指标　C. 品质标志　D. 质量指标

7. 2004 年上海市生产总值（GDP）7 450.27 亿元，按可比价格计算，比 2003 年增长 13.6%，达到自 1996 年以来的最高水平，则(　　)。

A. 上海市生产总值（GDP）7 450.27 亿元是数量指标，增长速度 13.6% 是质量指标

B. 上海市生产总值（GDP）7 450.27 亿元是质量指标，增长速度 13.6% 是数量指标

C. 两者都是数量指标

D. 两者都是质量指标

8. 调查时间是指(　　)。

A. 调查资料所属的时间　　B. 进行调查工作的期限

C. 调查工作登记的时间　　D. 调查资料报送的时间

9. 某旅行社要统计“五一”黄金周该旅行社发送的游客人数和获得的净利润，则游客人数和净利润两变量是(　　)。

A. 二者均为离散变量　　B. 二者均为连续变量

C. 前者为连续变量，后者为离散变量　　D. 前者为离散变量，后者为连续变量

10. 在下列调查中，调查单位与填报单位一致的是(　　)。

A. 公司设备调查情况　　B. 农村耕地调查

C. 学生学习情况调查　　D. 汽车养护情况调查

多项选择题

1. 选择调查课题的主要标准是(　　)。

A. 重要性　　B. 原则性　　C. 可行性

D. 创造性　　E. 适当性

2. 要调查全国私有企业情况，则全国每一个私有企业是(　　)。

A. 调查对象　　B. 调查单位　　C. 调查项目

D. 填报单位　　E. 总体单位

3. 在调查某市所有工业企业设备情况中(　　)。

A. 该市工业企业设备是调查对象　　B. 该市全部工业企业是调查对象

C. 每台设备是调查单位　　D. 每台设备是填报单位

E. 每个工业企业是填报单位

4. 在全国人口普查中(　　)。

A. 全国总人口数是统计总体　　B. 年龄是数量标志

C. 性别是品质标志　　D. 男性人口数是指标

E. 某人职业是教师是品质标志的表现

5. 下列指标中是质量指标的有(　　)。

A. 人均 GDP　　B. 人口平均寿命

C. 全国总人口数　　D. 城镇登记失业率

E. 第三产业增加值

6. 下列变量中是连续变量的有(　　)。

A. 公司利润　　B. 网络用户数　　C. 存款余额

D. 机器设备价值额　　E. 学生人数

7. 总体与总体单位之间有下列关系(　　)。

A. 总体与总体单位的概念是可以互换的　　B. 总体可以转化为总体单位

C. 总体单位可以转化为总体　　D. 总体与总体单位是固定不变的

E. 只能是总体转化为总体单位

8. 下面研究问题中所确定的总体单位有(　　　　)。

A. 研究某超市销售额，总体单位是每一次销售行为

B. 研究全国职业院校规模时，总体单位是每一所职业院校

C. 研究某次会议代表所提交的合理化建议，总体单位是每一条建议

D. 研究某地区粮食收获率时，总体单位是每一亩播种面积

E. 研究某企业生产的产品质量，总体单位是每一件产品

9. 在调查方案中，有利于保证调查完整性的项目是(　　　　)。

A. 确定调查目的

B. 确定调查对象、调查单位以及填报单位

C. 确定调查项目和调查表

D. 确定调查时间和调查期限

E. 确定调查的组织实施计划

10. 要对某市国有企业下岗职工的生活状况进行调查分析，则(　　　　)。

A. 调查对象是该市国有企业所有的下岗职工

B. 职工的月消费额为标志

C. 调查单位是国有企业每一位下岗职工

D. 职工的月平均消费额是统计指标

E. 这一调查属于描述性调查

思考题

1. 简述选择调查课题对于整个调查工作和调查过程的重要性。

2. 举例说明什么是调查对象或总体？什么是调查单位或总体单位？

3. 什么是标志？什么是指标？标志和指标的区别和联系是什么？

应用能力训练题

1. 某中职学校拟对中职学生的课外生活进行一次问卷调查。调查项目包括：课外时间的分配和利用；课外活动的形式及时间占用；对中职生勤工俭学的看法及建议。试设计简单的调查方案。

2. 指出下列调查的调查对象、调查单位和填报单位（见表 1－1）。

表 1－1

调查内容	调查对象	调查单位	填报单位
手机质量调查			
网络用户年龄调查			
超市商品物价调查			
居民住宅调查			
中职学校调查			
中职学生睡眠时间调查			
城市居民生活状况调查			

3. 列出表 1－2 中各总体的总体单位、数量标志（2 个）、品质标志（2 个）。

表 1－2

总　　体	总体单位	数量标志	品质标志
中职学生			
公司全体员工			
8 月份生产的汽车			
寒假销售的计算机			
上半年发生的交通事故			
商业网点			
手机			
旅游景点			
“两会”代表所提的议案			
图书馆的藏书			

4. 在为某大型购物商场进行市场调查期间，我们在持有该公司信用卡的所有顾客中，随机挑选了300名顾客进行电话询问，搜集到了有关的信息。其中，有一个调查问题是这样的：在过去的6个月里，你是否购买过该商场的商品？购买金额为多少？被询问者中有10%回答“是”，且这些人在过去的6个月里，平均购买额为1 782.67元。

（1）请指出本案例中如下概念：调查对象、调查单位、总体、总体单位、样本、样本量、品质标志、数量标志、数量指标、质量指标。

（2）如何区分调查对象与调查单位（总体与总体单位）、品质标志与数量标志、标志与指标、数量指标与质量指标的区别？

5. 以你所在的班级为调查对象，调查单位是每一位同学，调查的有关标志是学生的身高、体重、性别和年龄。

（1）请设计一个简单的调查方案；

（2）设计一个单一调查表，包括表头、表体和表脚。

每个同学将各自标志的结果写在纸条上，搜集在一起，就形成了原始资料。请保存好这些资料，在后面章节中可以利用这些数据进行相关技能训练。

6. 你所在的学校伙食如何？学生每月零花钱数额是多少，来源及去向是怎样的？学生就业预期薪酬和地域如何？对这些问题或你感兴趣的其他问题，尝试设计调查方案，设计调查表或调查问卷，进行模拟调查。

第 2 章

资 料 搜 集

判断题

1. 调查误差是不可避免的。 （　）

2. 我国经济普查今后每十年进行两次。因此，它是一种经常性调查方法。 （　）

3. 调查时间就是调查工作所需要的时间。 （　）

4. 要了解“十一”黄金周期间我国铁路旅客周转量，只需要对全国几个大的铁路枢纽客运量进行调查，就可以掌握全国基本情况。这种调查属于非全面调查。 （　）

5. 重点调查中的重点单位是根据进行统计调查时，当前工作的重点来确定的。 （　）

6. 典型调查是根据调查的目的任务，在对研究的现象总体进行初步分析的基础上，有意识地选取有代表性的典型单位进行的非全面调查。 （　）

7. 随机原则又名机会均等原则。 （　）

8. 统计报表制度是各级各类统计部门依照国家或上级主管部门规定的统一表式、统一指标、统一报送方式、统一报送时间，自下而上逐级提供统计资料的一种调查组织形式。 （　）

9. 传统统计调查方法都是直接调查第一手统计资料，网上调查可以搜集第二手统计资料。 （　）

填空题

1. ____________是根据调查研究的目的和要求，采用科学的调查方法，有计划，有组织地向调查单位搜集各种原始资料或次级资料的工作过程。

2. 统计调查按调查对象包括的范围不同，可分为____________和____________。

3. 统计调查按调查组织方式不同，可分为____________和____________。

4. 专门调查可分为普查、____________、____________、____________等多种类型。

5. 统计调查按调查登记的连续性不同，可分为____________和____________。

6. 调查数据的____________是调查工作的生命。

7. ____________是依据调查任务而专门组织的一次性的全面调查。

8. 普查的规模大、指标多、任务重，耗费大量人力、物力和时间，不可能采用经常性调查，只能采用____________调查。

9. ____________是按照随机原则，从研究对象的全部单位中抽取一部分单位进行调查并用调查所得的数据资料推断总体数量特征的一种非全面调查方式。

10. ____________的目的不在于了解样本本身的数量特征，而在于借助样本的数量特征，估计和检验总体的数量特征。

11. ____________是在全部调查单位中选择一部分重点单位进行调查，借以了解总体的基本情况的一种非全面调查。

12. 调查中资料搜集的方法主要有____________、____________、____________、____________和____________。

13. ____________是根据调查的目的任务，在对研究的现象总体进行初步分析的基础上，有意识地选取有代表性的典型单位进行的非全面调查。

14. ____________是各级各类统计部门依照国家或上级主管部门规定的统一表式、统一指标、统一报送方式、统一报送时间，自下而上逐级提供统计资料的一种调查组织形式。

15. 访谈调查主要通过调查者与被调查者直接或间接接触获得资料，具体包括____________、____________、____________和____________。

单项选择题

1. 医学领域通过临床试验数据分析某种药物或治疗方案的疗效取得的资料是(　　)。

A. 原始资料　　B. 次级资料　　C. 数学资料　　D. 经济学资料

2. 从统计年鉴上搜集到的世界各国有关资料属于(　　)。

A. 原始资料　　B. 次级资料　　C. 数学资料　　D. 经济学资料

3. 普查属于(　　)。

A. 一次性全面调查　　B. 一次性非全面调查

C. 经常性全面调查　　D. 经常性非全面调查

4. 调查数据的(　　)是调查工作的生命。

A. 真实性　　B. 及时性　　C. 完整性　　D. 经济性

5. 我国 2000 年进行的第五次人口调查属于(　　)。

A. 普查　　B. 抽样调查　　C. 重点调查　　D. 典型调查

6. 从一批袋装奶粉中随机抽取 1 000 包进行质量检验，这种调查是(　　)。

A. 普查　　B. 重点调查　　C. 抽样调查　　D. 典型调查

7. 统计报表制度一般属于(   )。

A. 普查　　B. 典型调查　　C. 全面调查　　D. 非全面调查

8. 在重点调查中，重点单位是指(   )。

A. 标志总量在总体中占有很大比重的单位

B. 具有典型意义和代表性的单位

C. 那些具有反映事物属性差异的品质标志的单位

D. 能用以推算总体标志总量的单位

9. 区分典型调查和抽样调查的最主要标志是(   )。

A. 搜集数据的方法不同　　B. 是否按随机原则

C. 调查确定的目的不同　　D. 调查对象的性质不同

10. 调查大庆、胜利、大港、中原的几个大油田，以了解我国石油工业生产的基本情况，这种调查属于(   )。

A. 普查　　B. 重点调查　　C. 抽样调查　　D. 典型调查

11. 有意识地选取若干块水田，测算其粮食产量来估算该地区的粮食收成情况，这种调查属于(   )。

A. 普查　　B. 重点调查　　C. 抽样调查　　D. 典型调查

12. 下列情况的统计调查，哪一种属于一次性调查(   )。

A. 商品库存量　　B. 商品购进额　　C. 商品销售量　　D. 商品销售额

13. 某乡镇政府为了总结先进生产管理经验，选择了几个先进乡镇企业进行调查，这种调查属于(   )。

A. 抽样调查　　B. 典型调查　　C. 普查　　D. 重点调查

14. 要了解糖果包装的改变对销售量的影响情况，则选定一个地区，将新旧两种包装的糖果投入市场进行试验对比，观察其销售量变化和消费者反映，获得数据作为新包装是否采用的依据，这种调查方法是(   )。

A. 观察法　　B. 实验法　　C. 报告法　　D. 访问法

15. 要调查人群中经常上网浏览的人和年龄、性别、职业等情况，比较适宜的调查方法是(   )。

A. 观察法　　B. 访谈法　　C. 电话调查法　　D. 网上调查法

多项选择题

1. 普查属于(   )。

A. 全面调查　　B. 非全面调查　　C. 经常性调查

D. 一次性调查　　E. 专门调查

2. 下列调查中属于直接调查搜集第一手资料的方法有(   )。

A. 观察法　　B. 访谈法　　C. 问卷调查法

D. 网上调查　　E. 文献法

3. 下列调查中，属于一次性调查的有(　　　　)。

A. 人口普查　　B. 职工收支变化调查

C. 公司利润调查　　D. 第三产业从业人数调查

E. DVD 库存量调查

4. 要检查节日市场上肉制品质量，有关部门任意抽取部分肉制品进行调查，此项调查属于(　　　　)。

A. 全面调查　　B. 非全面调查　　C. 典型调查

D. 抽样调查　　E. 专门调查

5. 网上调查与传统调查相比的优越性在于(　　　　)。

A. 费用低　　B. 无地域、时空限制

C. 及时性　　D. 资料能反映所有用户的信息

E. 易获得更完整的统计资料

6. 数据搜集方式的主要分类包括(　　　　)。

A. 按照统计调查的组织形式分　　B. 按照统计调查的范围分

C. 按照统计调查的登记时间分　　D. 按照统计调查的搜集资料方法分

E. 按调查的先后顺序分

7. 调查误差的种类包括(　　　　)。

A. 偶然性登记误差　　B. 代表性误差

C. 系统性登记误差　　D. 故意篡改统计数据

E. 调查者拒绝回答问题

8. 连续调查一般适合用于对(　　　　)的调查。

A. 时点现象　　B. 人口普查　　C. 时期现象

D. 产量、产值调查　　E. 耕地面积

9. 针对抽样调查的特点和作用，以下选项正确的有(　　　　)。

A. 遵循随机原则抽取调查单位　　B. 可以完全取代全面调查

C. 用抽样指标推断总体数量特征　　D. 可以计算和控制抽样误差

E. 抽样调查方法可以用于工业生产过程的质量控制

10. 我国进行的前四次人口普查属于(　　　　)。

A. 全面调查　　B. 不定期调查　　C. 定期调查

D. 经常性调查　　E. 一次性调查

思考题

1. 资料搜集方式的种类有哪些？

2. 资料搜集应具备的要求是什么？

3. 社会调查常用的组织形式有哪些？它们有什么区别和联系？

4. 资料搜集的方法有哪些？各有什么优点和不足？

应用能力训练题

1. 某中等职业技术学校拟对学生的课外生活进行一次问卷调查。调查项目包括：课外时间的分配和利用；课外活动的形式及时间占用；对学生勤工俭学的看法和建议。试设计简单的统计调查方法。

2. 从统计调查对象包括的范围、调查登记时间是否连续、搜集资料的方法是否相同等方面对以下统计调查实例分类，并指出各属于哪种统计调查方式：

（1）2011 年，对我国的工业企业从业人数进行调查，各企业按上级部门要求填报统计表。

（2）2011 年，对全国所有第二、三产业活动单位进行基本情况摸底调查，以 2011 年 12 月 31 日为标准时点，调查 2011 年度的资料。

（3）对进口的一批产品，抽检其中的少部分以对整批产品质量进行评价。

（4）要了解全国钢铁产量的基本情况，只要对全国少数几个重点钢铁企业如鞍钢、宝钢、首钢、武钢等进行调查，就能及时对全国钢铁产量的基本情况进行推断。

（5）为了探讨一项新改革措施实施的效果，推广其成功经验，对已采取改革措施并效果明显的代表性单位进行调查。

3. 请选择适合自己的调查方式，完成下面的调查问卷。

中职学生的消费观调查问卷

1. 你是：男/女
2. 你有没有零花钱？(　　)

A. 有　　B. 没有

3. 你每月的零花钱是多少？(　　)

A. 50 元以下　　B. 50 ~ 100 元

C. 100 ~ 150 元　　D. 150 元以上

4. 你每月零花钱的来源是什么？(　　)

A. 父母　　B. 祖父母/外祖父母

C. 其他亲戚　　D. 其他

5. 你每月零花钱的主要用途是什么？(　　)

A. 买书籍　　B. 储存起来　　C. 买零食

D. 玩游戏　　E. 体育运动　　F. 买衣服　　G. 其他

6. 你的消费理念或消费风格是什么？(　　)

A. 父母，因为他们是过来人

B. 兄弟姐妹，因为他们比父母更了解我们需要什么

C. 同学或同龄的朋友们，因为他们知道什么不让我落伍

D. 没有人，我相信自己的眼光

7. 你对中学生统一穿着校服的看法是什么？(　　)

A. 应该，一些特殊场合需要　　B. 没什么理由，应该

C. 没必要穿校服，抹杀学生个性　　D. 说不清楚

8. 是否购买一种商品，你优先考虑的因素是什么？(　　)

A. 商品的用途　　B. 商品的价位

C. 商品的款式及包装　　D. 商品是否符合时尚潮流

9. 你经常购买的书籍类别是什么？(　　)

A. 科技丛书　　B. 报刊杂志　　C. 专业用书

D. 漫画书　　E. 文学著作　　F. 其他

10. 你对中职学生品牌消费的理解是：________

4. 你所在的学校伙食如何？学生就业预期薪水和地域如何？对这些问题或者你感兴趣的其他问题，进行模拟统计调查。尝试设计一份调查问卷，注意利用调查问卷设计技巧。

5. 请从下面的问卷中抽取若干感兴趣的问题，分别运用个别访问调查、邮寄调查、电话调查、座谈会、网上调查的方式来完成问卷调查。

某中职学校学生德育情况调查问卷

你好，同学！这份问卷是由学校德育情况调查组组织的调查。我们希望你能如实地回答我们提出的问题，这份信息对学校制订德育计划是很有价值的，并且对你必将是非常有意义的内容，你的积极参与对这次调查结果的效果非常重要。请你仔细阅读每一个问题，并根据你对所述问题的理解，将答案填入括号内，谢谢合作！

×××学校

年　　月　　日

1. 升国旗时，我们面对国旗肃立，你认为(　　)。
   A. 我们一定要行注目礼　　B. 我们没必要行注目礼
   C. 无所谓，这点小事不必太认真
2. 中国台湾目前的生活条件比大陆好，你认为台湾和大陆统一(　　)。
   A. 很有必要　　B. 没有必要　　C. 无所谓
3. “你长大了准备做什么？”对这一问题你(　　)。
   A. 已作了充分的考虑　　B. 有所考虑，但不充分
   C. 没有考虑过
4. 如果班级要组织某项活动有一半以上同学支持而你反对，你会怎么做？(　　)
   A. 积极参加活动　　B. 不愿参加活动，但也应该参加
   C. 不参加活动
5. 学校要开运动会，你会参加吗？(　　)
   A. 我如果感兴趣就参加　　B. 如果需要我，我就参加
   C. 一般不参加
6. 上课时间，如有同学反复打扰你，你会选择(　　)。
   A. 当堂打他（她）或骂他（她），因为理在我这边
   B. 举手向老师汇报　　C. 下课再说
7. 自习课有同学在班中大吵大闹，你会怎样对待？(　　)
   A. 我会去阻止　　B. 我会向班主任或任课老师反映
   C. 不关我的事
8. 开学了，学校操场长满了杂草，你认为最好的处理方法是(　　)。
   A. 学校请小工清理　　B. 学校分配到班级由同学们清理
   C. 任其自然
9. 在家里，你经常做家务吗？(　　)
   A. 经常　　B. 很少　　C. 不做

10. 你饭盒里的饭吃不下了，你一般怎么处理？(　　)

A. 重新蒸一下，下一餐再吃　　B. 倒到指定的地方

C. 倒在地上

11. 学校实行封闭式管理，进出校门要请假。对这种制度，你的看法是(　　)。

A. 很有必要，虽然进出校门不自由

B. 有一定的必要，但太严格了

C. 不应该，太不自由

12. 如果你对某位异性同学产生了好感，你会选择(　　)。

A. 以学习为重，把这份情感深深埋在心里

B. 给他（她）写封信，将信息悄悄传给他（她）

C. 不得到他（她）的回信，誓不罢休

D. 没有的事

13. 对《学校学生日常行为规范》中的内容，你认为(　　)。

A. 必须完全遵守　　B. 有些小事不必遵守

C. 写在纸上的东西，不必遵守

14. 你乱扔过瓜皮果壳和纸屑等废物吗？(　　)

A. 这是常有的事　　B. 偶尔也会　　C. 没有

15. 你如果在社会上无缘无故被别人打伤了，你首先选择(　　)。

A. 上法院（或行政机关）告他

B. “以牙还牙”，叫朋友给我出气

C. 和他私了，让他赔偿损失

16. 班干部的产生，你认为应该由(　　)。

A. 同学们选举产生　　B. 老师指定　　C. 无所谓

17. 你相信世间有鬼吗？(　　)

A. 不相信　　B. 相信　　C. 不知道

18. 你认为一个人的成功与否，关键是看他（她）(　　)。

A. 是否成功地赚到了足够的钱　　B. 事业上是否获得成功

C. 对社会的贡献有多大

19. 老师当众批评你，而你认为是被冤枉的，你会选择(　　)。

A. 不服气，必须当场辨别清楚，哪怕是争吵也在所不惜

B. 不服气，事后再和老师讲明情况

C. 批评就批评了，算了

20. 假如你的饭盒不见了，你很恼火，你会选择(　　)。

A. 把别人的偷偷拿个回来，“不吃亏”

B. 只好和老师讲　　C. 算了

21. 校园里有桂花树，花开时，满园飘香。这时候，你会(　　)。

A. 经常走近桂花树，欣赏欣赏　　B. 没有人的时候会偷偷折一枝

C. 有人时，我也会折几枝

22. 和父母亲发生矛盾，你是如何处理的？(　　)

A. 会和父母亲争吵

B. 会和父母亲讲清理由，但以父母亲意见为主

C. 一声不哼，赌气

23. 你和表兄弟姐妹之间相处得怎样？(　　)

A. 很好　　B. 一般　　C. 不好

24. 如果有同学叫我绰号，那么我(　　)。

A. 一定要叫回来，决不吃亏

B. 我会好好劝告他（她），实在不听报告老师

C. 暗暗报复

25. 在街道上吃香蕉，香蕉皮你怎么处理？(　　)

A. 扔在地上　　B. 扔进垃圾桶

C. 吃到哪儿扔到哪儿

26. 考试时，老师因故离开考场，你看见有人作弊，这时候你会(　　)。

A. 保持平静心态，继续答题　　B. 抓住机会作弊

C. 看看他人的反应，再作决定

27. 寝室过道上，有纸屑、果皮、饮料袋等垃圾。你看到后会怎么办？(　　)

A. 视而不见，与己无关　　B. 用脚踢到旁边

C. 拾起来放到垃圾桶里

28. 你所在的寝室，熄灯后还有同学讲话，你会怎么办？(　　)

A. 随声附和　　B. 我不讲，也不管他人

C. 及时制止或向老师报告

29. 你认为你校学生的品德现状如何？(　　)

A. 较好　　B. 一般　　C. 差

30. 你认为对同学们的纪律教育应该是(　　)。

A. 越严厉越好　　B. 宽松一点好　　C. 不需要

31. 你认为父母对你要求最严格的是(　　)，班主任对你的期望是(　　)。

A. 没有　　B. 学习成绩好

C. 思想品德好　　D. 成绩和思想都要好

32. 当你有过失时，教师对你通常采用的教育方式是(　　)，你希望教师采用的教育方式是(　　)。

A. 讲道理　　B. 埋怨、责怪

C. 或打或骂　　D. 不问不管

33. 你欢迎老师家访吗？(　　)你认为老师家访的目的是什么？(　　)

A. 欢迎　　B. 不欢迎

C. 无所谓　　D. 告状

E. 为完成任务　　F. 跟家长交流学生情况

34. 你会代表班级积极参加学校各项活动吗？(　　)

A. 会　　B. 不会　　C. 随便

35. 当班级获得荣誉时，你的感觉是(　　)。

A. 很高兴　　B. 自己出了力就高兴

C. 无所谓

36. 当同学向你提出求助时，你会(　　)。

A. 如果是好朋友我会帮助他　B. 尽力帮助他

C. 不予理睬

37. 当你答应了别人的事情而又办不到时该怎么办？(　　)

A. 你会向对方表示歉意，并说明情况

B. 告诉对方无能为力

C. 无关紧要

38. 当你无意中拾到 100 元人民币时，你会(　　)。

A. 用来购买书籍和学习用品　B. 交给老师或警察或寻找失主

C. 放回原地

39. 你读书的目的是？(　　)

A. 掌握本领，报效祖国　　B. 为了今后的生活过得更加美好

C. 完成义务教育任务　　D. 完成父母的任务

40. 当你有属于自己支配的钱时，你会(　　)。

A. 购买喜爱的玩具或小饰品

B. 购买学习用品或课外书籍

C. 将一部分捐给希望工程或资助有困难的同学

D. 将它存起来

41. 放学回家以后(　　)。

A. 看书做作业　　B. 跟朋友一起去玩

C. 经常帮父母做一些家务事

42. 你上学、放学时，经常(　　)。

A. 自己步行　　B. 自己乘车　　C. 大人接送

43. 你班每月组织(　　)次主题班会。

A. 无　　B. 一　　C. 二　　D. 二次以上

44. 你班思想品德评价是否按自我评价、小组评议、班主任评价的程序进行的？(　　)

A. 没有搞思想品德评价　　B. 按此程序进行

C. 没有按此程序进行

45. 你班是否有同学去网吧上网？(　　)

A. 无　　B. 少数人　　C. 多数人

第 3 章

资 料 整 理

判断题

1. 统计分组的关键在于划分各组的界限。（　）
2. 统计资料的整理不仅是对原始资料的整理，而且还包括对次级资料的整理。（　）
3. 连续型变量的分组只能采取组距式形式。（　）
4. 在确定组限时，最大组上限必须大于最大变量值，最小组下限必须小于最小变量值。（　）
5. 离散型变量既可以作单项式分组，也可以作组距式分组。（　）
6. 资料的整理是资料分析研究工作的前提和基础，是研究阶段的第一步工作。（　）
7. 资料审核的方法主要有两种：即逻辑审核与计算审核。（　）
8. 总体同时按两个或两个以上的标志进行层叠分组，就称为复合分组。（　）
9. 变量分配数列简称变量数列。（　）
10. 单项式变量分配数列是按单项分组形成的变量数列，直接将每一变量值作为一组。（　）
11. 统计表是通过整理由统计调查所得来的原始资料，使其成为得以说明社会现象及其发展过程的数据，并按一定顺序排列在表格中而形成的。（　）
12. 从内容结构上看，统计表由主词栏和宾词栏两个部分组成。（　）
13. 复合分组表，是指主词按两个或两个以上标志进行分组的统计表。（　）
14. 品质分配数列简称品质数列，它是按品质标志分组的数列，用来观察总体单位中不同属性的单位分布情况。（　）
15. 统计图是利用统计资料绘制成的几何图形或具体形象，它可以从数量方面显示出研究对象的规模、水平、结构、发展趋势和比例关系。（　）

填空题

1. ____________是资料分析研究工作的前提和基础，是研究阶段的第一步工作。

2. 资料审核的方法主要有两种，即____________与____________。

3. 统计分组对总体而言是“____________”，对个体而言是“____________”。

4. 正确地选择______________，是科学分组的前提，也是资料整理的关键。

5. 对同一总体选择两个或两个以上的标志分别进行简单分组，排列起来，即成为____________。

6. 总体同时按两个或两个以上的标志进行层叠分组，就称为____________。

7. 在统计分组的基础上，总体中的所有单位按其所属的组别归类整理，并且按照一定的顺序排列，形成总体单位数在各组分布的一系列数字，称为____________。

8. ____________是按品质标志分组的数列，用来观察总体单位中不同属性的单位分布情况。

9. 变量分配数列简称____________。

10. ______________变量分配数列是按单项分组形成的变量数列，直接将每一变量值作为一组。

11. ______________变量分配数列是由组距式分组形成的变量数列。每个组由若干个变量值形成的区间表示。

12. ______________是通过整理由统计调查所得来的原始资料，使其成为得以说明社会现象及其发展过程的数据，并按一定顺序排列在表格中而形成的。

13. 从内容结构上看，统计表由____________和____________两个部分组成。

14. ____________是指主词按两个或两个以上标志进行分组的统计表。

15. ____________是利用统计资料绘制成的几何图形或具体形象，它可以从数量方面显示出研究对象的规模、水平、结构、发展趋势和比例关系。

单项选择题

1. 统计整理主要是针对(　　)进行加工的过程。

A. 综合统计数据　　B. 历史数据资料

C. 统计分析数据　　D. 原始调查数据

2. 某连续型变量的组距数列，其末组为开口组，下限为600，其邻组的组中值为550，则末组的组中值为(　　)。

A. 550　　B. 650　　C. 700　　D. 750

3. 如果对某企业职工先按年龄分组，在此基础上再按收入水平分组，这是(　　)。

A. 再分组　　B. 简单分组　　C. 复合分组　　D. 分类

4. 某小区居民人均月收入最高为5 500元，最低为2 500元，据此分为6组，形成等距数列，其组距应为(　　)。

A. 500　　B. 600　　C. 550　　D. 650

5. 某年收入变量数列，其分组依次为 10 万元以下，10 万～20 万元，20 万～30 万元，30 万元以上，则有(　　)。

A. 10 万元应归入第一组　　B. 20 万元应归入第二组

C. 20 万元应归入第三组　　D. 30 万元应归入第三组

6. (　　)属于按品质标志分组。

A. 雇员按受教育年限分组　　B. 职工按就业领域分组

C. 企业按资产存量分组　　D. 住户按人口多寡分组

7. 组数与组距的关系是(　　)。

A. 组数越多，组距越小　　B. 组数越多，组距越大

C. 组数与组距无关　　D. 组数越少，组距越小

8. 在进行组距分组时，以组中值作为该组数据的代表值的假定前提条件是(　　)。

A. 各组变量值均相等　　B. 各组数据在本组内呈均匀分布

C. 各组组距均相等　　D. 各组频数均相等

9. 统计分组后，应使(　　)。

A. 组内具有同质性，组间具有差异性

B. 组内具有差异性，组间具有同质性

C. 组内具有差异性，组间具有差异性

D. 组内具有同质性，组间具有同质性

10. 某企业职工的工资分为四组：800 元以下，800～1 000 元，1 000～1 500 元，1 500 元以上，则 1 500 元以上的这组组中值应近似为(　　)。

A. 1 500 元　　B. 1 600 元　　C. 1 750 元　　D. 2 000 元

11. 在事先设计好的汇总表上用划“正”字的方法，进行分组计数，这种方法叫(　　)。

A. 划记法　　B. 过录法　　C. 折叠法　　D. 卡片法

12. 品质分配数列是按(　　)分组所形成的数列。

A. 质量指标　　B. 数量指标　　C. 品质标志　　D. 数量标志

13. 数量分配数列是按(　　)分组所形成的数列。

A. 质量指标　　B. 数量指标　　C. 品质标志　　D. 数量标志

14. 主词按两个以上标志进行复合分组后的统计表称为(　　)。

A. 简单表　　B. 复合表　　C. 分组表　　D. 整理表

15. 主词未按标志分组的统计表称为(　　)。

A. 简单表　　B. 复合表　　C. 分组表　　D. 整理表

多项选择题

1. 统计分组的作用在于(　　　　)。

A. 保证统计整理的准确性
B. 划分现象的类型
C. 保证统计分析结果的真实性
D. 揭示现象的内部结构
E. 分析现象的依存关系

2. 下列适宜编制组距式变量分配数列的有(　　　　)。
A. 公司实现利润总额
B. 企业产值计划完成程度
C. 学校的学生人数
D. 职工的文化程度
E. 居民的家庭人口数

3. 下列属于变量数列的有(　　　　)。
A. 按大学生所学专业分配
B. 按运动员年龄分配
C. 按企业利润分配
D. 按工人的劳动生产率分配
E. 按劳动者的职业分配

4. 采用不等距分组时,(　　　　)。
A. 各组频数的分布受组距大小的影响
B. 各组频数的分布不受组距大小的影响
C. 各组频数的多少不能反映频数分布的情况
D. 需要用频数密度反映频数分布的情况
E. 各组频数的分布与频率的分布完全一致

5. 采用组距分组时,(　　　　)。
A. 第一组下限应小于或等于最小变量值
B. 第一组下限应大于或等于最小变量值
C. 最后一组上限应大于或等于最大变量值
D. 最后一组上限应小于或等于最大变量值
E. 数列应按升序排列

6. 手工汇总的方法常用的有(　　　　)。
A. 划记法
B. 过录法
C. 折叠法
D. 卡片法
E. 经验法

7. 单项式分组适用于(　　　　)。
A. 连续型变量
B. 离散型变量
C. 变量值变动幅度较大
D. 变量值变动幅度较小
E. 标志值的项数很多

8. 在分配数列中,(　　　　)。
A. 各组的频数之和应等于 100
B. 各组的频率之和应等于 100%
C. 某组频率越大,则该组标志值所起的相对作用就越大
D. 某组频数越大,则该组标志值所起的绝对作用就越大
E. 若总次数一定,则频数与频率成正比

9. 在组距数列中,组中值(　　　　)。
A. 是上限和下限之间的中点数值
B. 用来代表各组标志值的平均水平
C. 在开放式分组中无法确定
D. 就是组平均数
E. 在开放式分组中,可以参照相邻组的组距来确定

10. 统计表按主词是否分组及分组的程度，可分为(　　　　)。

A. 简单表　　B. 一览表　　C. 分组表

D. 复合表　　E. 单一表

思考题

1. 统计整理的意义何在？它通常需要哪些基本步骤？

2. 统计分组有什么作用？如何正确选择分组标志？

3. 如何编制组距数列？怎样合理地确定组数、组距、组限？

4. 统计表的结构怎样、种类包括哪些？

5. 常用的统计图有哪几种？如何使用 Excel 制作统计图？

应用能力训练题

1. 某地城市人均居住面积 2013 年为 7.2 平方米/人，2014 年为 8.0 平方米/人，2015 年为 8.1 平方米/人，2016 年为 8.3 平方米/人，2017 年为 8.6 平方米/人；该地农村人均居住面积 2013 年为 14.7 平方米/人，2014 年为 15.3 平方米/人，2015 年为 16.0 平方米/人，2016 年为 16.6 平方米/人，2017 年为 17.2 平方米/人。试根据统计表的编制原则，设计一张反映 2013—2017 年间某地城乡居民居住情况的统计表。

2. 有下列资料，请计算表中的组中值和组距（见表 3-1）。

表 3-1

月工资额（元）	组距	组中值
600 以下		
600 ~ 800		
800 ~ 1 000		
1 000 ~ 1 300		
1 300 以上		
计划完成（%）	组距	组中值
80 ~ 90		
90 ~ 100		
100 ~ 110		
110 ~ 120		
120 ~ 130		

3. 根据表 3－2 资料，绘制直方图和次数分布曲线图。

表 3－2

工人按完成生产定额百分比分组	工人数（人）	频率（%）
80～90	3	3.75
90～100	15	18.75
100～110	36	45.00
110～120	20	25.00
120～130	6	7.50
合计	80	100.00

4. 某企业 7 月份逐日销售额（千元）如下：

26 27 24 21 26 19 17 36 24 28 22 21 19 27 25 30 21

13 19 39 42 19 30 24 26 16 34 12 27 20 28

选择适当的组距对以上资料进行分组，并画出直方图。

5. 某中等职业学校 17 级、18 级《社会调查与统计知识》课程考试成绩如下：

17 级 60 79 48 76 49 75 82 77 78 90 65 67 62 81 56

54 71 62 63 85 87 76 71 82 69 62 88 84 86 63

73 78 85 82 66

18 级 74 56 52 47 82 89 91 76 84 62 65 74 79 81 73

64 64 89 92 63 67 75 78 80 84 82 43 56 52 60

77 85 74 66 69 75 80

根据上述资料对这两个班的成绩用两种方法分组。

（1）以 10 分为组距进行等距分组；

（2）如果学生成绩管理条例规定：60 分以下为不及格，60 ~ 75 分为及格，75 ~ 90 分为良，90 ~ 100 分为优，按这种成绩等级分组；

（3）分别说明两种分组方式中每一组的组距、上下限和组中值。

6. 某自然村 2 × ×1 年和 2 × ×5 年人口及收入情况如表 3 – 3 所示。

表 3 – 3

按人均纯收入分组	2 × ×1 年		2 × ×5 年	
	人数（人）	人均纯收入（元）	人数（人）	人均纯收入（元）
最低	15	402	16	657
低	88	590	85	796
中低	19	791	36	1 156
中高	17	1 027	24	1 357
高	8	1 396	18	1 957
最高	4	1 689	12	2 364
合计	151	—	191	—

计算 2 × ×1 年和 2 × ×5 年的累计人数、累计频率、各组总收入和总收入的累计频率（分向上累计与向下累计两种），并绘制累计频数分布图，试揭示图表中反映的相关结论。

7. 某地区 200 家企业的有关资料如下：2 000 人以下的企业中全民企业 10 家，集体企业 5 家，合资企业 3 家；2 000 ~ 3 000 人的企业中全民企业 20 家，集体企业 34 家，合资企业 4 家；3 000 ~ 4 000 人的企业中全民企业 15 家，集体企业 15 家，合资企业 2 家；4 000 ~ 5 000 人的企业中全民企业 20 家，集体企业 15 家，合资企业 1 家；5 000 ~ 6 000 人的企业中全民企业 20 家，集体企业 10 家，合资企业 1 家；6 000 人以上的企业中全民企业 15 家，集体企业 10 家，合资企业 0 家。

根据所给资料编制统计表：

（1）按品质标志分组编制简单分组表；

（2）按数量标志分组编制分配数列；

（3）设计复合分组表。

8. 对第二章应用能力训练中的第 3 题、第 5 题完成的调查数据进行整理，并将调查结果以统计表、统计图的方式表现出来，看看能得出什么结论。

第 4 章

资 料 分 析

——总量分析与相对分析

判断题

1. 总量指标是派生指标，又称绝对量指标或绝对数。（　　）

2. 总量指标按被研究总体的内容不同，可分为数量指标和质量指标。（　　）

3. 实物指标的综合性能较差，价值指标的综合性能较好，但比较抽象。（　　）

4. 成数是将对比的基数抽象化为 10 而计算的比值。（　　）

5. 所有的相对指标都是由无名数表示的。（　　）

6. 计划完成程度大于 100% 为超额完成任务，小于 100% 为未完成任务。（　　）

7. 按全国人口平均的粮食产量是平均指标。（　　）

8. 某企业 2××9 年产值为 1 200 万元，年平均人数为 1 000 人，则该企业劳动生产率为 120%。（　　）

9. 动态相对指标又称发展速度。（　　）

10. 分子、分母可以颠倒的相对指标有比例相对指标、比较相对指标和强度相对指标。（　　）

填空题

1. 总量指标是用__________来反映现象总体在一定时间、地点、条件下的总规模、总水平的综合指标。又称绝对数、绝对量指标。

2. 总量指标按反映现象总体的内容不同，分为__________和__________。

3. 总量指标按反映的时间状况不同，分为____________和____________。

4. 总量指标的计量单位有____________、____________和____________。

5. 相对指标又称相对数，是由两个有联系的____________对比而得到的比值。

6. 相对指标的表示方法有____________和____________两种。其中____________是最常用的一种表示方法。

7. 当计划指标是以最低限额规定的，即要求以“多而快”来完成计划，则计划完成程度以____________为好现象、为超额完成计划，____________为未完成计划。

8. 比例相对指标和结构相对指标作用相同，都是揭示现象内部组成结构，但是它们的对比方法和侧重点有所不同。____________的分母与分子是一种包含关系，不能互换；而____________的分子与分母是一种并列关系，可以互换。

9. ____________相对指标，是不同总体的同类指标对比，表明现象在不同国家、不同地区、不同部门之间的数量对比关系。

10. ____________相对指标又称发展速度，其计算公式为____________。

单项选择题

1. 总量指标的大小(　　)。

A. 随总体范围扩大而扩大　　B. 随总体范围扩大而缩小

C. 随总体范围缩小而增大　　D. 与总体范围大小无关

2. 某商品年末库存量是(　　)。

A. 时期指标并实物指标　　B. 时期指标并价值指标

C. 时点指标并实物指标　　D. 时点指标并价值指标

3. 下列总量指标的计量单位中，不属于实物单位的有(　　)。

A. 辆　　B. 千克　　C. 台/千瓦　　D. 工时

4. 某厂本年计划某产品 10 000 件，1 ~ 3 月共生产 2 000 件，4 ~ 6 月生产 4 000 件，6 个月的计划完成进度指标为(　　)。

A. 20%　　B. 40%　　C. 50%　　D. 60%

5. 红星厂生产某产品计划规定单位成本比上年降低 3%，而实际降低 4%，则单位成本计划完成程度为(　　)。

A. $\frac{1+4\%}{1+3\%}$　　B. $\frac{1-4\%}{1-3\%}$　　C. $\frac{4\%}{3\%}$　　D. $\frac{1-3\%}{1-4\%}$

6. 下列说法不正确的有(　　)。

A. 税金的计划完成程度为 110% 为好现象

B. 产量计划完成程度为 110% 为好现象

C. 产值计划完成程度为 110% 为好现象

D. 成本计划完成程度为 110% 为好现象

7. 某公司所属三个企业计划规定的产值分别为 500 万元、600 万元、700 万元。执行结果，计划完成程度分别为 100%、115%、110%。则该公司三个企业的平均计划完成程度为(　　)。

A. 108.3%　　B. 108.9%　　C. 106.2%　　D. 108.6%

8. 考试及格率属于(　　)。

A. 结构相对指标　　B. 比例相对指标

C. 比较相对指标　　D. 强度相对指标

9. 计算结构相对指标时，各部分所占比重之和(　　)。

A. 小于100%　　B. 大于100%　　C. 等于100%　　D. 不等于100%

10. 三个商店因管理不善，造成某种食品变质，甲商店1 000箱中有10箱变质，乙商店500箱中有8箱变质，丙商店200箱中有4箱变质，则问题最严重的商店是(　　)。

A. 甲　　B. 乙　　C. 丙　　D. 甲、乙

11. 据悉，中国人的各种血型中，O型血型占41%，A型占28%，B型占24%，AB型占7%。这些指标是(　　)相对指标。

A. 结构相对指标　　B. 强度相对指标

C. 比较相对指标　　D. 动态相对指标

12. 北京市人口数相当于五个左右的西藏人口数，该指标是(　　)。

A. 结构相对指标　　B. 强度相对指标

C. 比较相对指标　　D. 动态相对指标

13. 今年月饼销售量比上年增长13%，该指标属于(　　)。

A. 计划完成程度　　B. 结构相对指标

C. 比较相对指标　　D. 动态相对指标

14. 某市商业网点密度为2万人/个，该指标属于(　　)。

A. 结构相对指标　　B. 比较相对指标

C. 强度相对指标　　D. 动态相对指标

15. 在相对数中，主要用有名数来表现相对数值的是(　　)。

A. 结构相对指标　　B. 比较相对指标

C. 强度相对指标　　D. 动态相对指标

多项选择题

1. 对某市职工工资水平进行研究，则(　　　)。

A. 该市职工工资总额为总体标志总量

B. 该市职工工资总额为总体单位总量

C. 该市的职工人数是总体标志总量

D. 该市的职工人数是总体单位总量

E. 该市职工人数为实物指标，工资总额为价值指标

2. 时期指标的特点是(　　　)。

A. 各时期指标可以相加

B. 各时期指标不可以相加

C. 指标数值大小与时期长短有直接关系

D. 指标数值大小与时点间隔长短没有直接关系

E. 指标数值大小与总体范围无关

3. 下列指标中属于时点指标的有(　　　　)。

A. 年末储蓄存款余额　　B. 各月商品销售额

C. 年末人口数　　D. 月末商品库存量

E. 年新增人口数

4. 下列属于总量指标的有(　　　　)。

A. 社会商品零售额　　B. 人口数　　C. 年末银行库存额

D. 钢材总销售量　　E. 单位产品成本

5. 总量指标的计量单位有(　　　　)。

A. 实物单位　　B. 复名数　　C. 货币单位

D. 无名数　　E. 劳动量单位

6. 下列属于结构相对指标的有(　　　　)。

A. 出勤率　　B. 人均粮食产量

C. 产品合格率　　D. 工时利用率

E. 某种电视机的销量占全国电视机总销量的60%

7. 下列属于强度相对指标的有(　　　　)。

A. 工人的平均工资　　B. 工人劳动生产率

C. 人均粮食产量　　D. 产品平均等级

E. 人口密度

8. 下列相对指标中，属于同一总体指标数值对比的有(　　　　)。

A. 计划完成程度　　B. 结构相对指标　　C. 强度相对指标

D. 比较相对指标　　E. 动态相对指标

9. 分子与分母不能颠倒的相对指标有(　　)。

A. 计划完成程度　　B. 结构相对指标　　C. 强度相对指标

D. 比较相对指标　　E. 动态相对指标

10. 下列描述正确的有(　　　　)。

A. 商品流通费用计划完成程度为93%，则未完成计划

B. 计划完成程度指标的分子、分母可以颠倒计算

C. 比较相对指标的分子与分母既可是总量指标，也可是相对指标或平均指标

D. 强度相对指标有正、逆指标两种计算方法

E. 比重指标的各部分所占比重之和等于100%

思考题

1. 什么是总量指标？它有哪些作用？

2. 总量指标有哪些分类？试举例说明。

3. 时期指标与时点指标各有哪些特点？

4. 总量指标的计量单位有哪几种？

5. 什么是相对指标？有何表现形式？

6. 各种相对指标如何计算？

应用能力训练题

1. 某商业系统有三个百货公司，其商品销售额如表 4－1 所示。

表 4－1

公　　司	商品销售额（万元）		
	计划数	实际数	计划完成%
甲	650	700	
乙			103
丙	600		
合　　计	2 000	2 200	

试计算填空。

2. 某公司所属两个分厂的产值计划完成情况如下：第一分厂实际产值 500 万元，刚好完成计划；第二分厂实际产值 880 万元，超额完成计划 10%，试计算该公司产值计划完成程度。

3. 某企业生产某产品，2017 年单位成本为 200 元，2018 年计划降低 5%，实际执行结果是超额 2% 完成计划任务，问 2018 年计划成本和实际成本各是多少？

4. 某统计员在统计分析报告中写道：

“我厂销售收入计划规定 2 500 万元，实际完成 2 550 万元，超额完成计划 2%；销售利润率计划规定 8%，实际为 12%，超额完成计划 4%；劳动生产率计划规定比去年提高 5%，实际提高 5.5%，完成计划 110%，产品单位成本计划规定比去年下降 3%，实际下降 2.5%，则实际比计划多下降了 0.5%。”要求：指出报告中哪些指标计算有误，并改正。

5. 某产品按五年计划规定最后一年产量应达到 300 万吨，五年内累计完成产量应为 1 200 万吨，实际情况如表 4－2 所示：

表 4－2

年份	第一年	第二年	第三年	第四年				第五年			
				第一季	第二季	第三季	第四季	第一季	第二季	第三季	第四季
产量（万吨）	210	230	250	65	65	70	75	75	80	80	85

（1）要求用水平法和累计法检查五年计划完成程度。

（2）用水平法和累计法分别检查提前完成计划任务的时间。

6. 某地区有人口 100 万，零售百货商店有 500 个，试用正指标和逆指标计算该地区的商业网点密度。

7. 某地区上年、本年工业总产值资料如表 4－3 所示。

表 4－3 单位：万元

年份	上年		本年	
	计划	实际	计划	实际
工业总产值	7 000	7 200	7 500	7 850
其中：轻工业	3 000	2 700	3 000	3 250
重工业	4 000	4 500	4 500	4 600

根据表 4－3 资料可计算哪几种相对指标？试计算。

第 5 章

资料分析

——总体分布分析

判断题

1. 平均指标是反映总体单位数量标志值的一般水平或代表性水平。 (   )

2. 平均指标反映事物变动的离散趋势，标志变异指标反映事物变动的集中趋势。 (   )

3. 平均指标消除了总体中各单位标志值的数量差异。 (   )

4. 加权算术平均数转变为简单算术平均数的条件是各组变量值相等。 (   )

5. 在资料已经分组、形成变量数列的条件下，计算算术平均数或调和平均数时，应采用简单式；反之，采用加权式。 (   )

6. 调和平均数是各个变量值倒数的算术平均数的倒数。 (   )

7. 众数是总体中出现最多的次数。 (   )

8. 标志变异指标和平均指标相互对应，分别从不同的侧面反映总体的质量特征。 (   )

9. 全距既能说明标志变动的总范围，又能具体说明各个标志值的变动程度。 (   )

10. 平均差比全距更能全面反映标志值的集中趋势。 (   )

11. 标准差是综合反映标志变动度最合理的指标。 (   )

12. 平均差和标准差都表示各标志值与算术平均数的平均距离。 (   )

13. 甲班和乙班学生统计科目考试分数的标准差均为 6 分，但甲班的平均分比乙班高 2 分，则甲班学生学习成绩的差别比乙班大。 (   )

填空题

1. ____________指标反映现象总体各单位某一数量标志的一般水平或代表性水平。

2. 数值平均数是指____________、____________和____________，位置平均数是指____________和____________两种。

3. 统计中最常用的平均指标是____________。

4. 算术平均数的基本计算公式是：总体____________总量除以总体单位总量。

5. 加权算术平均数的权数有两种：一是____________权数，即次数；二是____________权数，即比率或频率。

6. 调和平均数是标志值倒数的____________的倒数。

7. 众数是总体中出现次数最____________的标志值。

8. 有六个孩童的年龄资料分别为5、8、4、3、7、9，则年龄的中位数是____________。

9. 易受极值影响的平均数有____________和____________，不受极值影响的平均数有____________和____________。

10. ____________反映总体分布的集中趋势，而____________反映总体分布的离散趋势。

11. 一般来说，标志变异指标____________，平均指标的代表性就小；反之，标志变异指标____________，平均指标的代表性就大。

12. 统计中最常用、最合理的标志变异指标是____________。

13. 若两个总体的平均水平不同、性质不同或计量单位不同，必须采用相对数形式的____________来比较其标志变动度或平均水平的代表性大小。

单项选择题

1. 算术平均数 $\bar{X}=\sum\left(x\frac{f}{\sum f}\right)$ 的权数是(　　)。

A. f　　B. $\frac{f}{\sum f}$　　C. x　　D. $\sum f$

2. 在变量数列中，如果变量值较小的一组权数较大，则计算出来的算术平均数(　　)。

A. 接近于变量值大的一方　　B. 接近于变量值小的一方
C. 不受权数的影响　　D. 无法判断

3. 若各组标志都扩大5倍，各组次数不变，则算术平均数(　　)。

A. 缩小5倍　　B. 扩大5倍　　C. 不变　　D. 无法判定

4. 各总体单位的标志值都不相同时(　　)。

A. 众数不存在　　B. 众数就是最小的变量值
C. 众数是最大的变量值　　D. 众数是处于中间位置的变量值

5. 运用中位数和众数最主要的好处是在标志变异程度较大的情况下，可以避免(　　)的影响。

A. 经济波动　B. 中位数　C. 众数　D. 极值

6. 下列不属于标志变异指标的有(　　)。

A. 众数　B. 平均差　C. 标准差　D. 全距

7. 计算平均差时对每个离差取绝对值是因为(　　)。

A. 离差有正有负　B. 计算方便

C. 各变量值与其算术平均数离差之和为零　D. 便于数学推导

8. 标准差与平均差的主要区别是(　　)。

A. 计算条件不同　B. 计算结果不同

C. 数学处理方法不同　D. 意义不同

9. 反映标志变动度的相对指标有(　　)。

A. 全距　B. 平均差　C. 标准差　D. 标准差系数

10. 直接用标准差来比较两个总体平均水平代表性大小的前提是(　　)。

A. 两个总体的标准差相同　B. 两个总体的平均水平相同

C. 两个总体的单位数相同　D. 两个总体的平均差相同

11. 当两个总体的平均水平不同而比较其代表性大小时，就需计算(　　)。

A. 全距　B. 平均数　C. 标准差　D. 标准差系数

12. 城市和乡村人均居住面积分别为7和18平方米，标准差分别为1.5和2.3平方米，则人均住房面积的变异程度(　　)。

A. 城市大　B. 乡村大　C. 城乡一样大　D. 无法比

13. 甲乙两个数列比较，甲数列的标准差大于乙数列的标准差，则两个数列平均数的代表性(　　)。

A. 甲数列大于乙数列　B. 乙数列大于甲数列

C. 相同　D. 并不能确定哪一个更好

多项选择题

1. 算术平均数的计算公式有(　　　)。

A. $\frac{\sum x}{n}$　B. $\frac{\sum xf}{\sum f}$　C. $\sum(x\frac{f}{\sum f})$

D. $\frac{\sum m}{\sum \frac{m}{x}}$　E. $\sqrt[n]{x_1 x_2 \cdots\cdots x_n}$

2. 下列属于平均指标的有(　　　)。

A. 人均国民收入　B. 平均工资　C. 平均成绩

D. 人均绿化面积　E. 单位成本

3. 易受极值影响的平均数是(　　　)。

A. 算术平均数　B. 调和平均数　C. 几何平均数

D. 中位数　E. 众数

4. 由总体单位的每一个标志值计算的平均数有(　　　　)。

A. 众数　　B. 中位数　　C. 算术平均数

D. 调和平均数　　E. 几何平均数

5. 标准差的计算公式有(　　　　)。

A. $\sigma=\sqrt{\dfrac{\sum(x-\bar{x})^2}{n}}$　　B. $\sigma=\sqrt{\dfrac{\sum(x-\bar{x})^2 f}{\sum f}}$　　C. $\sigma=\dfrac{\sum|x-\bar{x}|}{n}$

D. $\sigma=\dfrac{\sum|x-\bar{x}|f}{\sum f}$　　E. $\sigma=\dfrac{\sum(x-\bar{x})^2 f}{\sum f}$

6. 全距的大小完全取决于(　　　　)。

A. 极大值与极小值　　B. 最大值与最小值　　C. 两端极值

D. 各项标志值　　E. 标志值变动的总范围大小

7. 标志值与其算术平均数的离差具有如下特征(　　　　)。

A. 离差可以是正数　　B. 离差可以是负数　　C. 离差之和等于零

D. 离差之和大于零　　E. 离差之和小于零

8. 标志变异指标(　　　　)。

A. 反映事物变动的集中趋势　　B. 反映事物变动的离散趋势

C. 反映总体单位标志值的一般水平　　D. 反映总体单位标志值的差异程度

E. 反映现象量变过程的均衡性、稳定性和节奏性

9. 下列描述正确的有(　　　　)。

A. 标志变异指标与平均指标的代表性成反比

B. 全距是上限减下限

C. 当两个总体的平均水平不同时，需用标准差系数比较平均指标的代表性大小

D. 标志变异指标中的标准差也称为方差

E. 标准差系数是一个相对数

10. 下列指标中属于平均指标的是(　　　　)。

A. 全员劳动生产率　　B. 人均粮食消费量　　C. 平均工资

D. 人均国民收入　　E. 工人劳动生产率

思考题

1. 什么是平均指标？它有什么特点？

2. 平均指标有哪几种？

3. 简单算术平均和加权算术平均各自的应用条件是什么？

4. 用绝对数加权和相对数加权如何计算算术平均数？

5. 数值平均数和位置平均数分别有哪些？

6. 什么是标志变异指标？它有哪些作用？

7. 标志变异指标有哪几种？最常用的是什么指标？为什么？

8. 什么情况下需要计算离散系数？

应用能力训练题

1. 某中学为了了解学生的睡眠时间是否充足，随机抽查 500 名中学生进行调查，结果如表 5－1 所示。

表 5－1　　某校 500 名学生睡眠时间调查

睡眠时间（小时/日）	学生人数（人）	人数比重（%）
6 以下	50	
6～7	250	
7～8	180	
8 以上	20	
合　计	500	

要求：(1) 用学生人数加权计算 500 名学生的平均睡眠时间；

(2) 计算学生人数比重；

(3) 用人数比重加权计算 500 名学生的平均睡眠时间。

2. 某餐馆提供外卖服务，有 4、5、6 元三种价格的饭菜供顾客选择，2017 年 9 月共销售了 10 400 份，各品种销售份额如图 5－1 所示。

要求：(1) 用绝对数加权计算平均价格；

(2) 用相对数加权计算平均价格。

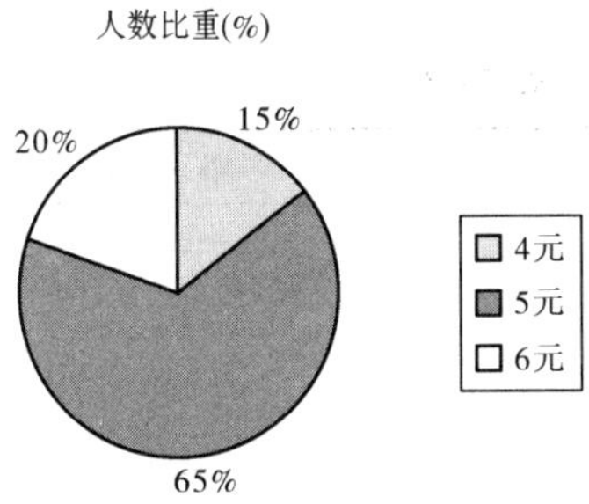

图 5－1

3. 甲、乙两企业某月生产同一产品，其资料如表 5－2 所示。

表 5－2

批次	甲企业		乙企业	
	单位成本（元）	产量比重（%）	单位成本（元）	产量比重（%）
第一批	1.0	10	1.0	40
第二批	1.1	20	1.1	25
第三批	1.2	70	1.2	35

要求：（1）分别计算甲乙企业的平均单位成本；

（2）比较哪一企业的平均单位成本高？为什么？

4. 某品牌服装按原价 600 元销售，销售额为 30 000 元；“三八” 9 折促销，销售额为 33 480元；6 月“十周年店庆” 8.5 折优惠，销售额为 27 030 元；8 月转季打 6.8 折，销售额为 40 800 元。试计算该品牌服装的平均售价。

5. 某鞋商随机调查了100名女士的鞋码，资料如表5－3所示。

表5－3

鞋码（毫米）	人数（人）
220	10
225	18
230	30
235	27
240	12
245	3
合　计	100

要求：（1）计算鞋码的算术平均数；

（2）计算鞋码的众数；

（3）计算鞋码的中位数；

（4）若销售商进货，是依据算术平均数，还是依据中位数、众数合适？

6. 对10名成年人和10名幼儿的身高（厘米）进行抽样调查，结果如表5－4所示。

表5－4

组别	身高									
成年组	166	169	172	177	180	179	163	173	164	160
幼儿组	68	69	68	70	71	73	72	73	74	75

要求：（1）计算各组的平均身高。

（2）计算并比较哪一组的身高差异大？

第 6 章

资料分析

——时间数列分析

判断题

1. 时间数列的发展水平只能用绝对数表示。 (　　)

2. 动态平均指标是根据变量数列计算得来，静态平均指标是根据时间数列计算得来。 (　　)

3. 时点数列各指标数值的大小与间隔时间的长短有直接关系，间隔越长、数值越大；间隔越短、数值越小。 (　　)

4. 时期数列中的各项指标数值是可以相加的。 (　　)

5. 定基增长速度等于相应各环比增长速度的连乘积。 (　　)

6. 定基发展速度等于相应各环比发展速度的连乘积。 (　　)

7. 已知某企业 2012 年产值为 200 万元，2017 年为 325 万元，则这些年产值的平均发展速度为 $\sqrt[6]{\frac{325}{200}}$。 (　　)

8. 用移动平均法修匀时间数列，移动时期越长，修匀后的时间数列包括的项数就越多。 (　　)

9. 增长量是报告期水平与基期水平之差，用来说明社会经济现象在一定时期内增长的绝对数量，因此它是一个正数。 (　　)

10. 用各年人口出生率编制的时间数列是平均数时间数列。 ( )

填空题

1. 时间数列一般有两个构成要素：一是现象所属的＿＿＿＿＿＿＿＿；二是现象的＿＿＿＿＿＿＿＿，即统计指标。

2. 保持各指标之间的＿＿＿＿＿是编制时间数列的基本原则。

3. 时间数列按其指标的表现形式不同，可分为＿＿＿＿＿时间数列、＿＿＿＿＿时间数列和＿＿＿＿＿＿时间数列。其中，＿＿＿＿＿＿时间数列是基本数列，＿＿＿＿＿和＿＿＿＿＿时间数列是派生数列。

4. 时间数列的分析指标包括＿＿＿＿＿指标和＿＿＿＿＿指标两大类。

5. 逐期增长量和累计增长量的关系是：累计增长量等于相应各逐期增长量之＿＿＿＿。

6. 增长1%的绝对值等于前期发展水平除以＿＿＿＿＿。

7. 发展速度是用＿＿＿＿＿与基期水平进行＿＿＿＿＿所得的动态相对数。

8. 发展速度根据采用的基期不同，分为＿＿＿＿＿和＿＿＿＿＿。

9. 增长速度和发展速度的关系：增长速度等于发展速度＿＿＿＿＿。

10. 某校在校生2016年比2015年增加5%，2017年比2016年增加10%，2018年比2017年增加15%，那么，这3年共增加学生＿＿＿＿＿。

单项选择题

1. 将企业的单位产品成本按时间先后顺序排列所形成的数列叫( )。

A. 时点数列　　B. 时期数列

C. 平均数时间数列　　D. 相对数时间数列

2. 把工业企业的制度工时利用率指标按时间顺序排列形成的数列是( )。

A. 时期数列　　B. 绝对数时间数列

C. 平均数时间数列　　D. 相对数时间数列

3. 下列几种数列中，指标数值可以直接相加的是( )。

A. 时期数列　　B. 时点数列

C. 相对数时间数列　　D. 平均数时间数列

4. 某地2014—2018年历年年末的生猪存栏头数在2013年的基础上分别增加20、40、30、40、50万头，则5年生猪的年平均增长量为( )万头。

A. 10　　B. 34　　C. 6　　D. 13

5. 总速度是( )。

A. 定基发展速度　　B. 环比发展速度

C. 定基增长速度　　D. 环比增长速度

6. 某厂上年利润为 30 万元，本年比上年增长 10%，则本年利润为(　　)万元。

A. 30　　B. 31　　C. 33.3　　D. 33

7. 某企业本年产值为 100 万元，上年为 80 万元，则本年比上年每增长 1% 的绝对值为(　　)万元。

A. 1　　B. 0.8　　C. 0.2　　D. 1.25

8. 已知一个时间数列的环比增长速度分别为 3%、5%、10%，则该数列的平均增长速度为(　　)。

A. $\frac{3\% + 5\% + 10\%}{3}$　　B. $\sqrt[3]{3\% \times 5\% \times 10\%}$

C. $\sqrt[3]{103\% \times 105\% \times 110\%}$　　D. $\sqrt[3]{103\% \times 105\% \times 110\%} - 1$

9. 若以 1990 年为基期，2006 年为报告期，计算平均发展速度时应开(　　)次方。

A. 15　　B. 16　　C. 17　　D. 18

10. 某地区医生人数逐年有所增加，2015 年比 2014 年增加 8%，2016 年比 2015 年增加 15%，2018 年比 2017 年增加 18%，则 3 年来医生人数共增加(　　)。

A. 8% + 15% + 18%　　B. 108% + 115% + 118%

C. 8% × 15% × 18%　　D. 108% × 115% × 118% − 1

11. 根据 10 题的数据资料，则可得 3 年来医生人数年平均增加(　　)。

A. $\frac{8\% + 15\% + 18\%}{3}$　　B. $\frac{108\% + 115\% + 118\%}{3}$

C. $\sqrt[3]{108\% \times 115\% \times 118\%} - 1$　　D. $\sqrt[3]{108\% \times 115\% \times 118\%}$

多项选择题

1. 时间数列的发展水平按其在数列中所处的位置不同可分为(　　　)水平。

A. 期初　　B. 中间　　C. 最末

D. 计划　　E. 实际

2. 有时间数列 a_0，a_1，$a_2 \cdots a_{n-1}$，a_n 则累计增长量有(　　　)。

A. $a_n - a_0$　　B. $a_n - a_{n-1}$　　C. $a_8 - a_7$

D. $a_7 - a_0$　　E. $a_8 - a_0$

3. 将不同时间的发展水平加以平均而得到的平均数称为(　　　)。

A. 静态平均数　　B. 动态平均数　　C. 序时平均数

D. 平均发展水平　　E. 平均发展速度

4. 由时点数列计算平均发展水平的计算公式有(　　　)。

A. $\bar{a} = \frac{\sum a}{n}$　　B. $\bar{a} = \frac{\sum af}{\sum f}$　　C. $\bar{a} = \frac{\frac{a_1}{2} + a_2 + a_3 + \cdots + a_{n-1} + \frac{a_n}{2}}{n-1}$

D. $\sqrt[n]{\frac{a_n}{a_0}}$　　E. $\bar{a} = \frac{\frac{a_1 + a_2}{2}f_1 + \frac{a_2 + a_3}{2}f_2 + \cdots + \frac{a_{n-1} + a_n}{2}f_{n-1}}{f_1 + f_2 + \cdots + f_{n-1}}$

5. 增长1%的绝对值等于(　　　　)。

A. 增长量与增长速度之比　　B. 逐期增长量与环比增长速度之比

C. 固定基期水平除以100　　D. 前期发展水平除以100

E. 累计增长量与定基增长速度之比

6. 下列动态指标中，一般可以取负值的有(　　　　)。

A. 增长量　　B. 发展速度　　C. 增长速度

D. 平均发展速度　　E. 平均增长速度

7. 将不同时间的发展水平加以平均而得到的平均数称为(　　　　)。

A. 静态平均数　　B. 动态平均数　　C. 序时平均数

D. 平均发展水平　　E. 平均发展速度

8. 下列说法正确的有(　　　　)。

A. 累计增长量等于各逐期增长量之和

B. 定基发展速度等于相应各环比发展速度的连乘积

C. 定基增长速度等于相应各环比增长速度的连乘积

D. 平均增长速度等于平均发展速度加1

E. 平均发展速度等于平均增长速度加1

9. 增长速度等于(　　　　)。

A. 发展速度与1的差　　B. 扣除基数之后的发展速度

C. 报告期比基期水平增长的相对程度

D. 报告期与基期水平之差同基期水平之比

E. 增长量与基期水平之比

10. 定基增长速度等于(　　　　)。

A. 累计增长量除以基期水平　　B. 环比增长速度的连乘积

C. 环比发展速度的连乘积减1　　D. 定基发展速度减1

E. 逐期增长量分别除以基期水平

思考题

1. 什么是时间数列？它有哪两个要素？

2. 时间数列与变量数列有何异同？

3. 举例说明哪些是时期数列？哪些是时点数列？

4. 时间数列水平指标有哪些？如何计算？

5. 时间数列速度指标有哪些？如何计算？

6. 有了增长速度，为什么还要计算增长1%的绝对值？

应用能力训练题

1. 10 月 1 日有职工 200 人，上旬职工人数变动如下：10 月 3 日增加新职工 12 人，5 日 3 人参军入伍，6 日调进 5 人，8 日有 4 人退休离厂。

要求：计算该厂 10 月上旬平均职工人数。

2. 某厂工人人数资料如表 6－1 所示。

表 6－1 单位：人

月　份	1	2	3	4	5	6	7
月初工人人数	500	510	514	526			
月平均人数				533	549	564	577

要求：(1) 填表；

(2) 计算第一季度、第二季度及上半年的月平均人数。

3. 某地区各月月末人口资料如表 6－2 所示。

表 6－2 单位：万人

时　间	1 月初	2 月初	3 月初	4 月初	6 月初	10 月初
人口数	22	23	21	24	25	27

要求：(1) 计算第一季度月平均人口数；

(2) 计算前三个季度的月平均人口数。

4. 某厂资料如表 6 – 3 所示。

表 6 – 3

月　份	1	2	3	4	5	6	7
月初工人人数（人）	100	102	103	104	102	101	106
工业总产值（万元）	200	202	203	206	204	210	212

计算：（1）第一季度月平均工人劳动生产率；

（2）第二季度月平均工人劳动生产率；

（3）上半年月平均工人劳动生产率。

5. 某企业 1 ~4 月资料如表 6 – 4 所示。

表 6 – 4

月　份	1	2	3	4
月初工人人数（人）	1 200	1 120	1 290	1 280
利润总额（万元）	380	394	458	515

计算：（1）该企业第一季度月平均工人人数；

（2）该企业 1 ~4 月利润的平均增长量。

6. 某企业 2××4—2××9 年资料如表 6－5 所示。

表 6－5

年　　份	2××4	2××5	2××6	2××7	2××8	2××9
逐期增长量	—	70		80	85	
累计增长量	—			145		270

要求：计算并填空。

7. 某公司 2××5—2××9 年资料如表 6－6 所示。

表 6－6

年　　份	2××5	2××6	2××7	2××8	2××9
环比发展速度（%）		101		104	
定基发展速度（%）	102			110	115

要求：计算并填空。

8. 某企业每年出口电冰箱的有关资料如表 6－7 所示。

表 6－7

年　份	出口量（台）	增长量（台）		发展速度（%）		增长速度（%）		增长 1% 绝对值（台）
		逐期	累计	环比	定基	环比	定基	
2008								
2009		250						20
2010			380					
2011							9	

要求：计算并填空。

9. 某厂生产的消毒碗柜三次降价，由原来的 1 200 元降至 800 元，试计算平均每次降价的幅度。

10. 某人承包一咖啡厅，合同规定 2××5 年应交租金 20 万元，以后每年以 5% 的速度递增，请你帮忙核算出 2××6 年、2××7 年及 2××8 年应交租金多少万元？

11. 某煤矿 2015 年原煤产量为 240 万吨，计划在第“十三五”计划期间年平均递增 12%，试计算到 2020 年原煤产量可达到多少？

12. 某市 2017 年工业总产值是 2011 年的 230%，问 2011—2017 年年平均发展速度是多少？

13. 某百货商场商品销售额 2××9 年比 2××8 年增长 10%，2××8 年比 2××7 年增长 5%，2××7 年比 2××6 年增长 6%。

计算：（1）2××9 年比 2××6 年增长百分之几；

（2）2××6—2××9 年的平均增长速度。

14. 我国 1980 年工农业总产值为 7 100 亿元，预定到 2000 年翻两番，达到 28 000 亿元，则平均发展速度应为多少？如果按年平均增长速度为 7.2% 计算，到 1990 年我国工农业总产值可达多少亿元？

15. 某企业 2××6 年生产甲产品 400 万件，2××7—2××9 年有关资料如表 6－8 所示。

表 6－8

年　份	2××6	2××7	2××8	2××9
定基增长速度（%）	—	－10.0	15.0	25.0

要求：（1）计算各年的发展水平；
（2）计算 2××7—2××9 年各年的环比增长速度。

第 7 章

资 料 分 析

——统计指数分析

判断题

1. 指数的实质是相对数，它能反映现象的变动和差异程度。（ ）
2. 只有总指数可划分为数量指标指数和质量指标指数，个体指数不能作这种划分。（ ）
3. 质量指标指数是固定质量指标因素，只观察数量指标因素的综合变动。（ ）
4. 算术平均指数是反映平均指标变动程度的相对数。（ ）
5. 综合指数是编制总指数的唯一形式。（ ）
6. 从狭义上说，指数体系的若干指数在数量上不一定存在推算关系。（ ）
7. 价格指数是数量指标指数。（ ）
8. 为使成本指数的计算符合现实经济意义，则编制单位产品成本指数的同度量因素是基期的产品产量。（ ）
9. 在平均数变动因素分析中，可变构成指数是用以专门反映总体构成变化这一因素影响的指数。（ ）
10. 本年与上年相比，若物价上涨10%，则本年的1元只值上年的0.9元。（ ）
11. 某地区零售物价指数为115.8%，则用同样多的人民币比上年少购买15.8%的商品。（ ）
12. 在编制综合指数时，无论是数量指标指数还是质量指标指数，其同度量因素都应固定在报告期。（ ）
13. 在特定的权数条件下，综合指数与平均数指数间有变形关系。（ ）

14. 利用指数体系理论，可以反映被研究现象的变动趋势。 (　　)

15. 同度量因素在综合指数的编制中只起过渡或媒介作用。 (　　)

填空题

1. 从狭义上讲，指数是表明复杂社会现象总体__________的相对数。指数按其所表明的指标性质不同，分为__________和__________；按其研究对象的范围不同，可以分为__________和__________。

2. 总指数的编制方法，其基本形式有两种：一是__________，二是__________。

3. 如果一个总量指标可以分解为两个或两个以上的因素，将其中被研究因素以外的一个或一个以上的因素__________，仅观察被研究因素的变动，这样编制的指数，称为综合指数。

4. 编制数量指标综合指数的一般原则是采用__________作为同度量因素。编制质量指标综合指数的一般原则是采用__________作为同度量因素。

5. 作为综合指数变形的平均指数应用的一般法则为：计算数量指标指数，应采用以__________为权数进行加权__________，计算质量指标指数应采用以__________为权数进行加权__________。

6. 综合指数的计算对资料要求较高，需要使用总体的__________。平均指数则一般使用总体的__________。

7. 综合指数编制的特点是__________；平均指数编制的特点是__________。

8. 在指数体系中，指数之间的数量对等关系表现在两个方面：一是从相对数上讲，一个总体指数等于若干因素指数的__________；二是从绝对数来看，总体指数的分子项与分母项之差等于各因素指数的__________。

9. 平均指标指数可以分解为__________和__________。

10. 在编制总指数过程中，为了解决总体各因素的量不能直接相加而使用的媒介因素称为__________。

11. 在统计分析中，运用指数之间数量联系，测定各因素的影响程度和方向的方法称为__________。

12. 同样多的人民币少购 10% 的商品，则价格指数为__________。

13. 若已知 $\sum p_1q_1 = 120$，$\sum p_0q_0 = 80$，$\sum p_0q_1 = 100$，$\sum p_1q_0 = 110$，则价格指数为__________，销售量指数为__________。

14. 用综合指数法编制总指数时，确定同度量因素时期的一般原则是：数量指标总指数，以__________作同度量因素；质量指标总指数，以__________作同度量因素。

15. 某造纸厂 2018 年产量比 2017 年增长 13.6%，生产费用增长了 12.9%，则该厂 2018 年单位产量的生产费用水平增长了__________。

单项选择题

1. 指数按其所表明的经济指标性质不同，分为(　　)。

A. 个体指数和总指数
B. 数量指标指数和质量指标指数
C. 定基指数和环比指数
D. 平均指数和总指数

2. 指数按对象范围不同，可分为(　　)。

A. 个体指数和总指数
B. 数量指标指数和质量指标指数
C. 定基指数和环比指数
D. 平均指数和综合指数

3. 按照个体价格指数和报告期销售额计算的价格总指数是(　　)。

A. 综合指数
B. 平均指标指数
C. 加权算术平均数指数
D. 加权调和平均数指数

4. 编制数量指标指数时一般应以下述哪项做同度量因素？(　　)

A. 报告期的质量指标作同度量因素
B. 基期的质量指标作同度量因素
C. 报告期的数量指标作同度量因素
D. 基期的数量指标作同度量因素

5. 编制单位成本指数时，同度量因素一般应采用(　　)。

A. 报告期销售量
B. 基期销售量
C. 基期销售价格
D. 报告期销售价格

6. 在由3个指数所组成的指数体系中，两个因素指数的同度量因素通常(　　)。

A. 都固定在基期
B. 都固定在报告期
C. 一个固定在基期，一个固定在报告期
D. 采用基期和报告期的平均数

7. 数量指标指数和质量指标指数的划分依据是(　　)。

A. 所反映的对象范围不同
B. 所比较的现象特征不同
C. 所采用的编制综合指数的方法不同
D. 指数化指标性质不同

8. 某企业生产的甲、乙、丙三种产品，2××9年与2××8年比较若价格未变，总产值增长15%，则产量指数为(　　)。

A. 100%　　B. 15%　　C. 115%　　D. 3%

9. 如果生活费价格指数上涨19%，则现在的1元钱(　　)。

A. 只值原来的0.81元
B. 只值原来的0.84元
C. 与原来的1元钱等值
D. 无法与过去比较

10. 若同样多的人民币多购买商品3%，则物价(　　)。

A. 下降3%　　B. 上升3%　　C. 下降2.91%　　D. 不变

11. 用综合指数法编制总指数的关键问题之一是(　　)。

A. 确定被比对象
B. 确定同度量因素及其固定时期
C. 确定对比基期
D. 计算个体指数

12. 某厂生产费用本年比上年增长50%，产量比上年增长25%，则单位成本比上年上升(　　)。

A. 25%　　B. 37.5%　　C. 20%　　D. 12.5%

13. 劳动生产率可变组成指数为134.2%，职工人数结构影响指数为96.3%，所以劳动生产率固定构成指数为(　　)。

A. 139.36%　　B. 129.23%　　C. 71.76%　　D. 39.36%

14. 某商店商品销售额报告期和基期相同，报告期商品价格比基期提高了10%，那么报告期商品销售量比基期(　　)。

A. 提高 10%　　B. 减少了 9%　　C. 增长了 5%　　D. 上升了 11%

15. 统计指数划分为个体指数和总指数的依据，是按指数(　　)。

A. 反映的对象范围不同　　B. 同度量因素不同

C. 计算时是否进行加权　　D. 指数化的指标不相同

16. 综合指数包括(　　)。

A. 个体指数和总指数　　B. 定基指数和环比指数

C. 质量指标指数和数量指标指数　　D. 平均指数和平均指标指数

17. 下列指数哪个是数量指标指数？(　　)

A. 商品物价指数　　B. 单位产品成本指数

C. 平均工资指数　　D. 销售量指数

18. 总指数编制的两种基本形式是(　　)。

A. 算术平均数指数和调和平均数指数

B. 个体指数和综合指数

C. 综合指数和平均数指数

D. 可变构成指数，固定构成指数和结构影响指数

19. 设 x 和 f 分别表示各组的工资水平和工人人数，则指数 $(\sum x_1f_1/\sum f_1)/(\sum x_0f_0/\sum f_0)$ 反映的是(　　)。

A. 工资水平的变动程度　　B. 职工总人数的变动情况

C. 人数结构的变动情况　　D. 工资水平及人数结构的共同变动情况

20. 两个工厂生产同种产品，其平均成本由于成本降低而降低了 25%，由于结构变动而提高了 20%，则可变构成成本指数为(　　)。

A. 0.77　　B. 1.60　　C. 1.95　　D. 0.90

多项选择题

1. 某企业某年三种不同产品的实际产量为计划产量的 105%，这个指数是(　　)。

A. 个体指数　　B. 总指数　　C. 数量指标指数

D. 质量指标指数　　E. 静态指数

2. 下列属于质量指标指数的有(　　)。

A. 工资总额指数　　B. 产量指数　　C. 单位成本指数

D. 劳动生产率指数　　E. 原材料单耗指数

3. 下列属于数量指标指数的有(　　)。

A. 销售额指数　　B. 总成本指数　　C. 职工人数指数

D. 价格指数　　E. 利润指数

4. 加权算术平均数指数是一种(　　)。

A. 平均数指数　　B. 综合指数　　C. 总指数

D. 个体指数　　E. 平均指标指数

5. 某企业某产品的销售价格是去年的98%，则该指数是(　　　　)。

A. 总指数　　B. 个体指数　　C. 数量指标指数

D. 质量指标指数　　E. 环比指数

6. 统计指数的作用包括(　　　　)。

A. 综合反映事物的变动方向和程度　　B. 据以进行因素分析

C. 研究事物的内在结构　　D. 研究事物在长时间内的变动趋势

E. 综合反映事物的发展规模

7. 已知某工业企业报告期生产费用为2 850万元，比基期增长14%，又知报告期假定生产费用为3 000万元，则(　　　　)。

A. 成本降低5%　　B. 产量增加20%

C. 报告期生产费用比基期增加350万元

D. 由于成本降低而节约的生产费用为150万元

E. 由于产量增加而多支出的生产费用为500万元

8. 指数体系中，指数之间的数量对等关系表现在(　　　　)。

A. 总量指数等于它的因素指数的乘积

B. 总量指数等于它的因素指数的代数和

C. 总量指数等于它的因素指数之间的比例

D. 总量指数相应的绝对增长额等于它的各因素指数引起的绝对增长额的代数和

E. 总量指数相应的绝对增长额等于它的各因素指数引起的绝对增长额的乘积

9. 以下属于平均指标变动分析指数体系的项目有(　　　　)。

A. 个体价格指数　　B. 可变构成指数　　C. 结构影响指数

D. 固定构成指数　　E. 个体数量指数

10. 若用p表示价格，q表示商品销售量，则公式$\sum q_1p_1 - \sum p_0q_1$的意义是(　　　　)。

A. 综合反映价格变动和销售量变动的绝对额

B. 综合反映多种商品价格变动而增减的销售额

C. 综合反映由于价格变动而使消费者增减的货币支出额

D. 综合反映销售额变动的绝对额

E. 综合反映多种商品销售量变动的绝对额

11. 编制综合指数的一般原则是(　　　　)。

A. 质量指标指数以报告期数量指标作为同度量因素

B. 数量指标指数以报告期质量指标作为同度量因素

C. 质量指标指数以基期数量指标作为同度量因素

D. 数量指标指数以基期质量指标作为同度量因素

E. 随便确定

12. 某工业企业总成本2018年比2017年增加了14%，其原因是平均成本和产量两个因素的变化，这两个因素的变动方向和程度为(　　　　)。

A. 平均成本下降5%　　B. 平均成本增加4%　　C. 产量增加20%

D. 产量增加10%　　E. 产量增加5%

13. 某企业基期产值为100万元，报告期产值比基期增加14%，又知以基期价格计算的报告期假定产值为 112 万元，则经计算可知(　　　　)。

A. 产量增加 12%　　　　B. 价格增加 12%

C. 由于价格变化使产值增加 2 万元　　　　D. 由于产量变化使产值增加 12 万元

E. 由于产量变化使产值增加 20 万元

14. 某地区零售物价（全部商品）今年为去年的 115%。这是(　　　　)。

A. 综合指数　　　　B. 总指数　　　　C. 质量指标指数

D. 个体指数　　　　E. 数量指标指数

思考题

1. 编制统计指数有什么作用?

2. 编制综合指数时，为什么要使用同度量因素并把它的时期加以固定?

3. 综合指数与平均指数编制的一般原则是什么? 两者有哪些区别和联系?

4. 编制指数体系有什么作用?

应用能力训练题

1. 某企业生产情况如表 7 - 1 所示。

表 7 - 1

产　　品	价格（千元）		产量（台）	
	基　期	报告期	基　期	报告期
甲	5.2	5.6	100	120
乙	6.9	7.2	400	500

计算：（1）产量个体指数和价格个体指数；

（2）产量总指数和价格总指数。

2. 某企业产品成本情况如表 7 - 2 所示。

表 7 - 2

产　　品	计量单位	产　　量		单位成本（元）	
		报告期	基　期	报告期	基　期
甲	个	350	300	120	100
乙	件	800	720	100	80
丙	台	500	400	105	90

要求：（1）计算成本个体指数和综合指数；

（2）分析全厂产品总成本变动的原因。

3. 某厂产品原材料消耗情况如表 7－3 所示。

表 7－3

商品	单位	产品产量		单位产品原材料消耗量		单位原材料价格	
		基　期	报告期	基　期	报告期	基　期	报告期
甲	件	3 000	3 500	8	7	50	55
乙	套	1 500	1 700	15	16	70	80
丙	台	100	110	20	19	150	175

要求：(1) 计算原材料费用总额的变动；

(2) 分析原材料费用总额的变动原因。

4. 某企业的资料如表 7－4 所示。

表 7－4

工　厂	单位成本（元）		产　量（件）	
	基　期	报告期	基　期	报告期
A	25	24	1 500	1 500
B	24	24	1 000	1 000
C	22	21	1 000	2 500

要求：(1) 计算成本总额的变动并进行因素分析；

(2) 计算总平均单位成本的变动并进行因素分析。

5. 某商店商品销售情况如表 7 - 5 所示。

表 7 - 5

商　　品	销售额（万元）		价格指数 2018 年比 2017 年提高（%）
	2018 年	2017 年	
甲	140	100	2. 0
乙	180	150	10. 5

要求：(1) 计算零售价格总指数；

(2) 计算商品销售量总指数；

(3) 分析商品零售价格上扬，居民购买商品多支付的货币量。

6. 某公司下属三个厂生产某种产品的情况如表 7 - 6 所示。

表 7 - 6

单位名称	单位产品成本（元）		产　　量（吨）	
	上月	本月	上月	本月
一厂	960	952	4 650	4 930
二厂	1 010	1 015	3 000	3 200
三厂	1 120	1 080	1 650	2 000

根据表 7 - 6 的资料计算可变组成指数、固定组成指数和结构影响指数，并分析单位成本水平和产量结构变动对总成本的影响。

7. 某商业企业商品销售量和价格资料如表 7－7 所示。

表 7－7

产品名称	单　位	销售量		价格（元）	
		基　期	报告期	基　期	报告期
甲	件	1 200	1 500	24	26
乙	千克	2 400	2 600	12	15
丙	台	560	600	86	98

计算：（1）三种商品的销售量总指数和物价总指数；

（2）由于销售量变动，该企业增加的商品销售额；

（3）由于价格变动，该企业增加的商品销售额。

8. 某企业三种产品产量及现行价格变动资料如表 7－8 所示。

表 7－8

产品名称	单　位	产　量		价格（元）	
		基　期	报告期	基　期	报告期
甲	台	2 000	2 500	500	600
乙	吨	5 000	5 500	1 000	1 100
丙	件	1 500	1 800	200	210

计算：（1）三种产品的总价格指数（即工业总产值动态指标）；

（2）三种产品报告期总产值增减的绝对额；

（3）从绝对数和相对数两方面分析产量的变动对总产值变动的影响和价格变动对总产值变动的影响。

9. 某市2××9年第一季度社会商品零售额为36 200万元，第四季度为35 650万元，零售物价下跌0.5%，试计算该市社会商品零售额指数、零售价格指数和零售量指数。

10. 某地区三种水果的销售情况如表7-9所示。

表7-9

水果品种	本月销售额（万元）	本月比上月价格增减（%）
苹果	68	-10
草莓	12	12
橘子	50	2

试计算该地区三种水果的价格指数及由于价格变动对居民开支的影响。

11. 某厂生产情况如表7-10所示。

表7-10

产　品	计量单位	产　量		基期产值（万元）
		基　期	报告期	
甲	台	1 000	920	650
乙	双	320	335	290

请根据资料计算该厂的产量总指数和因产量变动而增减的产值。

12. 已知三种产品的单位产品原材料耗用量（单耗）、原材料价格及产量资料如表7－11所示。

表 7－11

产品				原材料					
名称	单位	产量		名称	单位	单耗		购进价（元）	
		基期	报告期			基期	报告期	基期	报告期
甲	件	100	120	A	千克	8	7	18	22
乙	件	25	30	B	千克	10	3	15	40
丙	件	60	65	C	千克	3	5	40	45

要求：运用指数多因素分析原理分析产品产量、原材料单耗、原材料单价对原材料总费用的影响。

第 8 章

调查报告撰写

判断题

1. 调查报告的主题就是调查报告所要表达的中心问题。 （　　）
2. 调查报告的主题确立以后，可以马上动笔写调查报告。 （　　）
3. 所有的调查资料都能成为撰写调查报告所用的材料。 （　　）
4. 典型材料是最能反映事物本质、说明和表现主题的材料。 （　　）
5. 调查报告的写作像文学作品一样，强调和注重文学性、可读性。 （　　）
6. 调查报告中凡是引用别人的资料，一定要注明资料来源。 （　　）
7. 一个好的标题往往能起到“画龙点睛”的作用。 （　　）
8. 调查报告的前言内容主要说明为什么进行调查、怎样进行调查和调查的结论如何。 （　　）
9. 调查报告的主体部分是调查报告中最主要的核心部分。 （　　）
10. 调查报告的结尾可有可无。 （　　）

填空题

1. 调查报告的撰写步骤一般包括______________、______________、______________、______________和修改调查报告五个步骤。

2. 在一般情况下，调查报告所要反映的重心问题就是整个调查的____________。

3. 如果说主题是调查报告的魂，那么____________就是调查报告的骨架。

4. 为了充分论证主题，在撰写调查报告时要精心选择____________、____________、

____________和____________等类型材料。

5. 当调查报告初稿写完后，还需要反复____________、____________和推敲每一个部分，认真修改每一个细节，使调查报告不断丰富和完善。

6. 注释的形式主要有三种，即____________、____________和____________。

7. 标题是调查报告的____________。

8. 前言又称导言或导语，是调查报告的____________部分。

9. 主体是调查报告主要的核心部分，它写的如何，直接决定着调查报告的__________和____________。

10. 调查报告的结尾不是可有可无的，而是相当重要；但究竟如何写，则应根据写作____________、____________的需要采取灵活多样的写法。

单项选择题

1. 一般情况下，调查报告的主题就是该项调查的(　　)。

A. 主体　　B. 主题　　C. 结论　　D. 内容

2. 主题确立后，不可马上动笔写调查报告，而应先构思好调查报告的(　　)。

A. 材料　　B. 提纲　　C. 结论　　D. 行文风格

3. 调查报告的写作，要尽量用(　　)的语言。

A. 主观　　B. 情感丰富　　C. 简单平实　　D. 生动活泼

4. 对比材料是一组具有(　　)材料。

A. 可比性　　B. 不可比　　C. 典型　　D. 综合

5. (　　)必须真实、具体、生动，具有代表性。

A. 统计材料　　B. 对比材料　　C. 综合材料　　D. 典型材料

6. “城镇居民消费状况调查”是(　　)标题。

A. 直叙式　　B. 判断式　　C. 提问式　　D. 抒情式

7. “择友不当是青少年犯罪的重要原因”是(　　)标题。

A. 直叙式　　B. 判断式　　C. 提问式　　D. 抒情式

8. “独生子女都是小皇帝吗?”是(　　)标题。

A. 直叙式　　B. 判断式　　C. 提问式　　D. 抒情式

9. 在前言中着重说明调查的主要目的和宗旨，这种写法为(　　)。

A. 情况交待法　　B. 主旨陈述法　　C. 结论先行法　　D. 提问设悬法

10. 在前言中着重说明调查工作的具体情况，这种写法为(　　)。

A. 情况交待法　　B. 主旨陈述法　　C. 结论先行法　　D. 提问设悬法

多项选择题

1. 调查报告的撰写步骤包括(　　　　)。

A. 确立主题　　B. 拟定提纲　　C. 选择材料
D. 撰写调查报告　　E. 修改调查报告

2. 为了充分论证主题，应该精心选择好(　　　　)。
A. 典型材料　　B. 统计材料　　C. 对比材料
D. 不可比材料　　E. 综合材料

3. 一般来说，调查报告由(　　　　)等部分组成。
A. 标题　　B. 前言　　C. 主体
D. 结尾　　E. 附录

4. 标题的写作方式，通常有(　　　　)。
A. 直叙式　　B. 判断式　　C. 提问式
D. 抒情式　　E. 双标题式

5. 调查报告中前言的写作方法，有(　　　　)。
A. 主旨陈述法　　B. 情况交待法　　C. 结论先行法
D. 提问设悬法　　E. 纵横交错法

思考题

1. 简述调查报告的写作要遵循的步骤。

2. 调查报告在行文上有什么要求？

3. 调查报告的基本格式包含哪几部分？简要说明每一格式的基本要求。

应用能力训练题

1. 某班组织了一次“同学们的环保意识”为主题的调查活动，假设你参加了这次活动，请按要求完成下列内容。

（1）你拟订的调查课题的名称是____________，理由是____________；

你采用的调查方法是____________；你的课题研究的最终成果形式是____________。

（2）进行一次问卷调查，请参照范例，围绕主题，再设计两道问卷调查的题目。

示例：当你吃完水果时，你会将果皮(　　)。

A. 无论远近都投入垃圾箱　　B. 近时投，远时不投

C. 周围有人时投，没人时乱扔　　D. 随地扔

设计①：

设计②：

（3）有一个小组对“将垃圾投入垃圾箱”的情况进行调查，结果如表 8－1 所示（调查对象为 100 人）。

表 8－1

项　目	频　数	频　率
无论远近都投入垃圾箱	22	22%
近时投，远时不投	38	38%
周围有人时投，没人时乱扔	21	21%
随地扔	19	19%
合　计	100	100%

上述数据所反映的现象说明了什么？

（4）调查后，如果你认为同学们的环保意识有待加强，请你提出两条具体措施。

（5）你认为组织此类调查有何意义？

（6）理顺上面所回答问题的内容，请先拟定调查提纲，然后撰写一份调查报告。

2. 根据调查报告撰写的基本方法，结合一个现实生活的实例或你所感兴趣的调查课题，经过一定的资料搜集、资料整理分析后，拟写出一份调查报告提纲，并根据调查报告提纲写出调查报告。

3. 请对第二章、第三章应用能力训练题中开展的问卷调查活动及其结果，写出相关的调查报告，并递交给学校有关部门，看看能否对所在学校的教育教学改革起到参考作用。

第 9 章

社会调查应用

判断题

1. 社会调查是一门实质性科学。 ( )

2. 马克思主义哲学方法论构成社会调查方法体系的理论基础。 ( )

3. 社会调查方法体系的最低层次是指社会调查的具体技术和工具。 ( )

4. 盖洛普民意调查所是美国规模最大、也是最有名的民意调查机构。 ( )

5. 民意调查在确定被调查者时，可以不按照抽样方法抽取样本单位。 ( )

6. 事实上，同一种消费活动中，如果年龄、收入、职业等因素相同，市场需求就不存在差异。 ( )

7. 生产资料的购买者容易受到产品供应对象宣传广告、推销的影响。 ( )

8. 农业生产资料的消费需求，具有明显的季节性和地区性。 ( )

9. 文化程度高的地区，旅游、书画、摄影、集邮、绘画等市场消费需求比较大。 ( )

10. 无论采取何种访问法调查，都要事先对调查问题列调查表，按照表中问题询问。 ( )

11. 邮寄调查法的最大优点就是问卷的回收率高。 ( )

12. 我国居民消费总趋势是，由低转高，由粗转精，由将就到讲究，向高档化、多样化、微型化、新颖化及营养化方向发展。 ( )

13. 市场需求的一般规律是：商品价格下降，则商品的需求量减少；价格上升，则商品的需求量增加。 ( )

14. 对于历史资料及统计数据，可以不用分析，也不用鉴别，直接就可以拿来用于市场预测。 ( )

15. 市场调查的任务就是寻找商品适销对路的途径，别无其他。 ( )

填空题

1. 社会调查的方法论是由____________、____________和____________所组成的。

2. 社会调查收集资料的具体方式有普查、____________、____________等基本类型，以及观察法、____________、____________、____________等具体方法。

3. 社会调查的基本程序主要包括五个相互联系、相互贯通的阶段，即调查准备阶段、____________、____________、____________和____________。

4. “民意”，就是____。

5. 根据传递方式的不同，问卷可分为报刊问卷、____________、____________和____________四种形式。

6. 选取问卷发放与回收方式时，一是要考虑____________的高低，二是要考虑方便快速，三是要考虑课题的要求。

7. ____________被称为企业的“雷达”或“眼睛”。

8. 对市场基本环境的调查主要包括自然环境的调查、____________、____________和____________。

9. 市场调查具有全过程性、______________、______________、______________和______________的特点。

10. 根据购买商品目的的不同，市场调查可分为____________和____________。

11. 根据调查的设计分类不同，市场调查可分为探测性调查、____________、因果性调查和____________。

12. 市场调查的基本方法有文献调查法、____________和____________。

13. 市场调查的程序分为三个阶段，即市场调查的____________、____________和资料整理、分析阶段。

14. 直接观察法的特点是____。

15. 所谓恩格尔系数就是____________占全部支出的比例。

单项选择题

1. 如果调查一个城市市场情况，计划对城区居民的消费进行抽样调查。但是，忽略了对外来非常住人口和流动人口的调查，出现了调查中的很大误差。这是属于(　　)。

A. 抽样误差　　B. 组织工作中出现的失误造成的误差

C. 工作质量问题引起的误差　　D. 一般性的调查误差

2. 调查问卷设计的基本要求之一是，问句要有艺术性，这是指(　　)。

A. 问句要使用华丽的词藻　　B. 问句要美丽动听

C. 问句要直截了当，简明扼要　　D. 避免引起被调查者的反感而不予合作

3. 调查人员同被调查者直接面谈，当面听取意见，收集市场反映，询问有关问题的方法，属于(　　)。

A. 面谈调查　　B. 邮寄调查　　C. 电话调查　　D. 留置调查

4. 面谈调查，具有(　　)的特点。

A. 了解的问题回收率低，样本代表性差　　B. 了解的问题回收率高，样本代表性强

C. 了解的问题回收率低，样本代表性强　　D. 了解的问题回收率高，样本代表性差

5. 在市场调查诸方法中，能够比较清楚地分析事物的因果关系的是(　　)。

A. 访问法　　B. 观察法　　C. 实验法　　D. 文案调查法

6. 民意调查使用的调查方式是(　　)。

A. 普查　　B. 重点调查　　C. 典型调查　　D. 抽样调查

7. 消费者市场上交易的商品是(　　)，这个市场上的购买者主要是消费者个人和部分企事业单位。

A. 生活资料　　B. 生产资料　　C. 食品　　D. 服装

8. 为了满足加工制造等生产性活动需要而形成的市场，按照我国的习惯，通常称为(　　)市场。

A. 批发市场　　B. 零售市场　　C. 消费者市场　　D. 生产者市场

9. 批发市场和零售市场，实质上是(　　)的市场。

A. 生产商　　B. 中间商　　C. 消费者　　D. 广义

10. 有目的的收集、整理和加工分析市场信息，使之集中化、有序化，成为可利用的信息，这一过程是(　　)。

A. 市场调查　　B. 市场分析　　C. 市场预测　　D. 经营决策

11. 商品的品种、包装、设计外观、价格等在判定其改变是否有效果时，最好使用(　　)方法。

A. 访问法　　B. 直接观察法　　C. 实验调查法　　D. 文献调查法

12. 在市场调查中应用较广的是(　　)。

A. 全面市场调查　　B. 市场典型调查　　C. 市场重点调查　　D. 市场抽样调查

13. 调查内容着重于市场状况特征，将所需调查的现象具体化是(　　) 调查。

A. 探测性　　B. 描述性　　C. 因果性　　D. 预测性

14. 只有(　　)，才能防止市场调查的片面性、主观随意性。

A. 实事求是　　B. 全面系统　　C. 深入、反馈　　D. 灵活多变

15. 调查某市居民收入情况，先按职业把居民分为工人、干部等等若干组，然后再在各组中运用纯随机抽样方法抽取预定数目的样本进行调查，这种调查属于(　　) 抽样。

A. 纯随机　　B. 类型　　C. 整群　　D. 等距

多项选择题

1. 市场调查具有(　　　　)特点。

A. 全过程性　　B. 社会性　　C. 目的性
D. 不确定性　　E. 科学性

2. 按调查的设计分类不同，市场调查可分为(　　　　)。
A. 探测性调查　　B. 描述性调查　　C. 因果性调查
D. 预测性调查　　E. 定性市场调查　　F. 定量市场调查

3. 市场基本环境调查的内容包括(　　　　)。
A. 自然环境的调查　　B. 经济环境的调查　　C. 政治法律环境的调查
D. 社会文化调查　　E. 市场竞争对手的调查

4. 网络调查的特点体现在(　　　　)。
A. 组织简单、费用低廉　　B. 没有时空、地域限制　　C. 周期缩短
D. 调查结果主观性强　　E. 采集信息的质量可靠

5. 从理论上讲，抽样调查中样本数量多，将会(　　　　)。
A. 有利于提高调查结果的准确性　　B. 不利于提高调查结果的准确性
C. 减少抽样误差　　D. 增加抽样误差
E. 增加费用开支，需要时间长　　F. 减少费用开支，需要时间短

6. 市场需求调查包括(　　　　)调查等内容。
A. 消费需求量　　B. 消费结构　　C. 消费动机
D. 社会文化　　E. 消费水平

7. 市场调查的方法很多，主要有(　　　　)。
A. 访问法　　B. 直接观察法　　C. 实验法
D. 专家意见法　　E. 网络调查法

8. 按照商品流通环节不同，市场调查可分为(　　　　)调查。
A. 需求　　B. 供给　　C. 批发市场
D. 零售市场　　E. 国内市场　　F. 国际市场

9. 非全面市场调查包括(　　　　)。
A. 市场典型调查　　B. 市场重点调查　　C. 市场抽样调查
D. 市场普查　　E. 文献调查　　F. 实地调查

10. 在市场调查实践中，采用纯随机抽样的方法实现抽样，主要有(　　　　)。
A. 简单随机抽样　　B. 抽签法　　C. 随机号码表法
D. 任意抽样法　　E. 乱数表法

思考题

1. 简述社会调查的方法体系。

2. 简述社会调查基本程序。

3. 举例说明民意调查的社会功能。

4. 简述市场调查的内容。

应用能力训练题

1. 你是否同意下列观点，请在右边你认为合适的格子内打“√”，同时让你身边更多的同学、亲朋好友参与到此项活动中，对资料进行整理，并就调查结果进行分析（见表9－1）。

表9－1

观　　点	同意	比较同意	拿不准	不太同意	不同意
1. 不同职业的职工的收入应大致均等					
2. 社会主义社会不应该有失业现象					
3. 市场经济将中国人“重义轻利”的传统美德都丢掉了					
4. 只要生活安定、有保障，生活水平低一点没关系					
5. 如今在荣誉面前应该是争而不是让					
6. 改革来改革去，占便宜的都是那些搞歪门邪道的人					
7. 改革开放以来，人们的道德水平提高了					
8. 一个人应该“知足常乐”					
9. 在我们这个社会，钱已到了无孔不入的地步					
10. “老实人不吃亏”的信条如今已经不管用了					

续表

观　　点	同意	比较同意	拿不准	不太同意	不同意
11. 改革四十年来，全国大多数人都得到了实惠					
12. 一些人不愿意与手持凶器的歹徒当面作斗争，这是可以理解的					
13. 安于本分是中国人的传统美德，应当发扬					
14. 只要经济能搞上去，其他一切都是次要的					
15. 国家对贪官污吏、各种犯罪分子应严惩不怠					

2. 下面设计的是关于空调市场的电话访问调查，请你亲身体验，并就调查的结果进行分析，看看你能得出什么结论？

女士，先生：您好！

我是×××，××职业技术学校市场营销专业的学生，为了解空调市场情况，特利用课余时间从事电话访问，请您拨给我们20分钟时间请教您一些问题，谢谢您的合作。

1. 请您尽量指名您所知道的空调厂家名称。

2. 请问府上有没有装设空调？

□有　　□没有（跳问第8题）

3. 家中空调是什么厂牌？

4. 装在何处？

5. 请问当初购买时所考虑的因素有哪些？

□省电　□无声　□清凉　□口碑好　□赠品多　□价格合宜　□其他

6. 当初购买空调时由谁决定？

□自己　□配偶　□父母　□其他

7. 当初根据什么选择厂牌？

□家人共同决定　□亲友介绍　□经销商介绍　□广告

8. 您有没有计划再添置空调？

□是　　□否（跳问基本资料）

9. 您想何时添置？装在何处？装设地点？

10. 会不会再装原厂牌？

□会　　为什么

□不会　为什么

11. 您最希望空调公司赠送何种赠品？

12. 您平时经常看哪三个电视节目？

(1)　　(2)　　(3)

13. 空调公司售后服务，您感到重要吗？

□重要　　□不很重要

基本资料

年龄□21—30岁　□31—40岁　□41—50岁　□50岁以上

家人□2人　□3人　□4人　□5人以上

□房屋自有　□租赁

被调查人：　　日期：

访问人：　　督导员：

3. 某泳装店想就以下问题作市场调查。如果你是老板或老板娘，如何调查，又如何制定策略？将你的调查、分析、结论、建议写成调查报告，等待市场的检验吧！你就能知道自己是否具有洞察市场的火眼金睛了。

（1）有多少人已经有泳装了，多少人还没有，有的人还会买吗？（市场容量）

（2）要买泳装会在什么时候，什么地点，以何种方式购买？（上柜时间，销售地点，售货方式）

（3）泳装各价位需求如何，高中低端的泳装应各占多大比例？（定价策略和存货方案）

4. 某企业为了掌握某产品的销售情况，决定进行一次市场调查，经过研究，拟采用访问法进行调查。如何选择调查方法？有经验的市场调研人员进行了对比评分，并确定了各基本要求的重要程度（权数），如表 9－2 所示，请你做出最后的选择，采用何种访问法最适宜？

表 9－2　　各种访问法评分对比表

项　目	适用范围（1）	调查内容繁简（4）	费用开支（3）	时　间（2）
面谈调查	3	4	3	2
邮寄调查	4	3	2	1
电话调查	2	1	1	4
留置调查	1	2	4	3

5. 某企业生产 A 品牌的电热水器，同时市场上还有其他企业生产的 B、C 两种品牌的电热水器。该企业随机调查了 10 名电热水器的用户，请他们给 A、B、C 三个品牌的电热水器确定偏好的数值，结果如表 9－3 所示。试根据表中资料，计算三个品牌的数值平均分配，并判断消费者的偏好倾向。

表 9-3　　A、B、C 三种电热水器数值分配量表

被调查者序号	A 品牌	B 品牌	C 品牌
1	70	20	10
2	40	30	30
3	60	20	20
4	50	20	30
5	40	20	40
6	30	20	50
7	30	30	40
8	40	30	30
9	50	30	20
10	20	30	50